东方宝藏

一部包罗万象的书

一个关于蒙古族土尔扈特人生活、历史和文化的当代传奇

才仁拉吉甫 主 编

潘 美 玲 编 著

风情万种
土尔扈特风俗

新疆人民出版社
XIN JIANG PEOPLE'S PUBLISHING HOUSE

图书在版编目(CIP)数据

东归宝藏.下,风情万种/才仁拉吉甫主编;潘美玲编著.—乌鲁木齐:新疆人民出版社,2009.4

ISBN 978-7-228-12360-5

Ⅰ.东… Ⅱ.①才…②潘… Ⅲ.①蒙古族—民族文化—新疆②蒙古族—少数民族风俗习惯 Ⅳ.K281.2 K892.312

中国版本图书馆 CIP 数据核字(2009)第 050922 号

图书策划　陈　漠
责任编辑　陈　漠
封面设计　段　离

风情万种

土尔扈特风俗

出　版	新疆人民出版社
地　址	乌鲁木齐解放南路 348 号
邮　编	830001
发　行	新疆人民出版社
电　话	0991-2826637(编辑部)
	0991-3652362(发行部)
制　版	乌鲁木齐捷迅彩艺有限责任公司
印　刷	新疆蓝天铁路印务有限公司
开　本	787×1092　1/16
印　张	12
字　数	200 千字
版　次	2009 年 6 月第 1 版
印　次	2009 年 6 月第 1 次印刷
印　数	1-5 000 册
定　价	58.00 元

总序

土尔扈特东归的历史意义

孟驰北

由才仁拉吉甫主编、陈漠策划的"东归宝藏"丛书第一批4本问世了。今年还要出5本，以后出多少，现在还是个未知数。

才仁拉吉甫是土生土长的新疆和静县人。他和一批热爱和静文化的有志之士说："不管遇到多大的困难，这套丛书会一直出下去。"这表露出新疆和静人的决心：不把蒙古族土尔扈特的文化资源全部挖掘整理出来，这套丛书将不会画上句号！

新疆人民出版社能积极支持出版这套丛书，也表现出他们的远见。

新疆文化是多种文化的复合体。从性质上分，有草原文化和农耕文化；从地域上分，有希腊文化、罗马文化、中原文化、波斯文化、印度文化、阿拉伯文化；从本土的民族分，有汉文化、蒙古文化、维吾尔文化、哈萨克文化、俄罗斯文化、回族文化、柯尔克孜文化、塔吉克文化、锡伯文化、塔塔尔文化、乌孜别克文化等，五光十色，绚丽斑斓。

蒙古文化在新疆文化史上，占有重要地位。自从成吉思汗移师新疆，蒙古文化就渗入到新疆文化中来，直到今天还有它的存在。新疆许多地名、山名、河名，都是蒙古语。北疆可以找到许多这样的实证，南疆也有。研究新疆文化史，同汉文化、维吾尔文化、哈萨克文化一样，蒙古文化也是个重要的切入点。不研究蒙古文化，也很难把握新疆文化史的全貌。现在,新疆有了《新疆简史》,接下来就要写出有水平的新疆文化史了。

新疆蒙古属于西部蒙古,总称为卫拉特,又名额鲁特或厄鲁特,明代称瓦剌。西部蒙古人原生活在西伯利亚叶尼塞河上游。那儿有茂密的森林,故被称为"林中百姓",狩猎是他们的主要生存方式。在新疆有这样一句民谚:"三个蒙古人在一起必谈打猎。"卫拉特蒙古归附成吉思汗后,也参加南征北战,元末迁徙到新疆准噶尔盆地。这支蒙古人异常强悍,明代"土木之变"就与西蒙古有关。当时,瓦剌蒙古在也先率领下,分四路攻明,在土木堡(今河北怀来东)打败明军,俘获明帝英宗,前锋逼近北京近郊。由于当时的兵部侍郎于谦守御得法,阻挡住瓦剌人的进攻,也先只好引军退去。

卫拉特蒙古包括准噶尔、土尔扈特、杜尔伯特、和硕特四大部。明末清初,土尔扈特人游牧到伏尔加河上游。公元1771年,因不堪俄罗斯沙皇的欺凌,在首领渥巴锡率领下,突破俄军的拦截、包围、追击,毅然决然回归祖国。在归途中,付出巨大牺牲,谱写下多少感天地泣鬼神的诗史! 这是人类历史上的一次壮举。

在新疆多民族共同体中,爱国主义是最基本的共识。土尔扈特东归是一次爱国的壮举,爱国主义意义是不言而喻的。但现在,人们只着眼于爱国主义! 其实,它有着更为深远的历史意义。

远古以来,人类就分成两大部类:农耕民族和草原民族。农耕民族是生活在静态中的民族,固守在狭小的空间里,形成很强的封闭性;而草原民族是生活在动态中的民族,它的生活空间几乎没有界线限定。静态生活与动态生活, 在历史的生成与发展过程中都产生过自己的积极作用。没有静态生活,人的经验就难以积累。没有这种积累,人类的一切创新都不可能。陶器、青铜器、铁器都是在静态生活中出现的——没有静态生活就没有文明。反之,如果没有对静态生活的撞击,如果没有新的信息来化解僵死的封闭 这种静态社会就会因熵的增大而衰亡。美洲的玛雅文明和印加文明之所以消失,就因过度、持久的静。要抵消静的副作用,这个神圣责任,就落在草原民族的肩上了。

在远古,人类几乎没有什么传播信息的手段,流动中的人就是信息的载体。游动中的草原民族常常打破农耕民族的静,把新的信息带到农耕社会。虽然草原民族进入农耕社会常常以抢劫掳掠为目的,但草原民族主观上造成的破坏性并不能掩盖由它携带来的大量信息而在客观上产生的建设性。所以,草原民族的迁徙成了古代传播信息的主要形式和渠道。在美国没有出现以前,欧亚大陆的文明程度是世界各大洲中最高的。其根源是在这块土地上,草原民族短距离和远距离的有规模有声势的迁徙频频出现。在欧亚大陆上的亚洲与欧洲之间,起初,亚洲草原民族迁徙的频率高,亚洲的文明就出现得早。公元前2000年左右,中亚的雅利安游牧民族迁徙到欧洲,带去了两河流域的文化信息,于是出现了希腊文明和罗马文明。受雅利安游牧民族迁徙的影响,亚洲出现了印度文明、波斯文明。现在,越来越多的史实证明,中华文明也和雅利安游牧民族的迁徙有关。南京发现了50万年前雅利安人的头骨,就是非常有说服力的证据。雅利安游牧民族给历史带来的推动力,欧亚两洲都分享到了。

公元4世纪以后,历史发展趋势出现了新动向。从亚洲出发的游牧民族一支一支长距离流向欧洲,匈奴、日耳曼、阿拉伯、柔然、突厥、蒙古……他们都是信息的载体。亚洲的文明信息被带入欧洲,欧洲的信息积累一下子飙升起来。每一种新信息都能形成对人的主观世界的撞击,使人的主观世界的创造潜能流溢出来。可是,人是非自足的、生成性的动物,创造是人的本质特征。只有信息的不断补充,才能使人的本质外显出来,物化出来。欧洲文艺复兴发生在草原民族多次入侵之后,这不是偶然的,是因草原民族带去的信息积累改善了欧洲人的质。欧洲人认识到自我的威力,于是,他们不再甘心屈服于神的淫威之下,而是向自我索取财富了。物质矿藏都是有限的,只有人的智力取之不尽,用之不竭,而且越开采越丰富。欧洲人的物质创造力大大提高,加快了欧洲文明发展的进度,欧洲从落后地位一跃而成为欧亚大陆的魁首。说草原民族的迁徙造就了今天的欧洲文明,是合乎历史事实的。

从欧洲的发展过程,可以看见草原民族迁徙在历史上的重要性。可是,在14世纪以后,情况发生了变化。由于大量印刷品的出现,从根本上改变了人类传播信息的方法。用文字符号传播信息,准确、快捷,而且不必以付出牺牲为代价。因为开辟出了多种信息渠道,采用了多种传播信息的手段,所以,以草原民族迁徙为传播信息的功能,渐渐变得无意义了。再加上14世纪以后洋枪洋炮的发明,草原民族的铁骑被遏制住了!草原民族在欧亚大陆上不再是自由驰骋的天神。他们逐渐退入深山老林,把自己封闭了。

蒙古族土尔扈特部落的东归,在人类历史上,是草原民族最后一次的长距离迁徙。土尔扈特人在明末清初迁徙到伏尔加河流域。百年之后,又折转方向东归。因为,现在的史学家们没有看到草原文化在人类历史发展中的作用,如何充分认识草原民族长距离迁徙的历史意义就被人忽略了!必须还历史以真实。我的草原文化学就是用以阐明历史真相的。

草原民族大迁徙的细节、内容是非常丰富的。那常常是整个民族的搬迁,几万几十万的人和牲畜,规模声势之大非常壮观。自然,这也带来了巨大的难度,如:迁徙路线的选择,迁徙中的战争动员,迁徙中的军事战略战术,迁徙中的文化娱乐活动,迁徙中的社会分工,迁徙中的信息吐纳，迁徙中的人种混血，迁徙中和其他民族的接触，等等，等等。弄清了这些方面的问题，才能对草原民族的大迁徙做出价值评估。迄今为止，中外历史没有一个全景式的记载——都是泛泛地一笔带过，表现出极大的疏忽。现在，我们就要着手做这方面的工作了。

今天，必须站在人类发展史的高度来研究、解读草原民族的大迁徙。从这个角度审视蒙古族土尔扈特人东归，它的重要意义就不是爱国主义所能概括尽的。

发生在远古和中世纪时的草原民族大迁徙都和我们相距遥远了。因为没有文字记载，只留一些模糊的概念，迁徙的细节都化作青烟而去，变得无影无踪。而土尔扈特东归是距离我们最近的一次草原民族大迁徙。从1771年算起，只有200多年的时间。在土尔扈特蒙古人的记忆中，还保留着由他们的祖先流传下来的关于这次大迁徙细节的碎片。把它搜集起来，集纳起来，连缀起来，就能使一些细节还原。凡是有土尔扈特蒙古人活动的地方，对此都应该责无旁贷。

要了解这次大迁徙的全部意义，就必须了解西蒙古，特别是土尔扈特的文化。一个民族的文化都包括两个层面：意义或抽象层面，感性或具象层面。没有大量的感性材料做基础，就很难抽象出有价值的东西，也就很难进入一个民族的精神王国。

由才仁拉吉甫主编、陈漠策划的"东归宝藏"丛书，就是从各个方面挖掘土尔扈特的感性文化。在人类文化学和社会学的研究中，采用最多的是田野作业方法。詹姆斯·乔治·弗雷泽的《金枝》、列维·布留尔的《原始思维》都是田野作业的精品，记载的是感性文化，但都是世界名著。"东归宝藏"丛书也写的是关于土尔扈特的感性文化。有这些记录作依据，作家、学者们在进行书斋作业时，就可能进行准确的抽象。具象加抽象，就是土尔扈特文化的全部。新疆和静县的这一文化工程，具有重要

005

的意义。

了解了土尔扈特文化，才能从感性和意义两个层面深刻认识土尔扈特东归的意义。今天研究土尔扈特东归，不仅是研究新疆文化的需要，也是研究世界历史的需要，是研究人类文化学的需要。研究土尔扈特感性文化，是研究世界上最后一个草原民族大迁徙的必要准备。"东归宝藏"丛书提供的具象文化，如果不继续作抽象提升，这套丛书的价值还不能充分显示出来。这需要一些作家、学者把目光转移到这上面来。

新疆的文化资源异常丰富，文化研究的广度与深度都在增进。缺陷是缺乏合作，缺乏连接，单打一的现象很严重！每个人都在自己的视点上尽心尽力，但视点与视点不能连成一个系统、一个整体！非常希望新疆和静县能成为研究西蒙古文化的学术基地。让学者们在这个基地上互通信息，使这方面的研究能系统化、整体化，能研究出不仅在中国，而且在世界范围内具有普泛意义的成果来。

2009年4月15日　乌鲁木齐

目 录

写在前面的话

在准备写《土尔扈特风俗》时，曾想尽办法，翻阅能找到的所有与土尔扈特有关的文字、图片、遗迹、民间口传资料。见到任何一位土尔扈特老人都倍感亲切，恨不能打开他们脸上每一条皱纹，寻找往昔岁月中的蛛丝马迹……

总在想，怎样才能用最通俗又准确的语言表述土尔扈特部与土尔扈特人与众不同的性格与风俗呢？怎样能做到既不违背初衷，做一本趣味性、可读性、深深根植于本土的《土尔扈特风俗》，又能把前人研究的史料完整、准确地糅和进去，减少遗憾呢？

事实上，我没有这么大的本事！手头可供参考的资料少之又少，走访的老人见一次少一次，甚至今天约定来日相见，明天便成了永远的遗憾！仅凭一腔热情和责任，走进这个民族——能做的就是竭尽全力……

我不知道，用"土尔扈特部和土尔扈特人"这样的定义对不对？但长期生活在土尔扈特蒙古人民中间，与土尔扈特人相处、相交、相互依存，以一个普通汉族人的眼睛去观察他们、理解他们，在我的心里便有了这个固执的称谓：土尔扈特部和土尔扈特人。窃以为，虽然蒙古部落众多，但他们内部一样存在部族、地域、语言、习惯之分，如同汉族，虽占了中华民族的大部，但他们也有江苏、安徽、河南、湖北之分。基于这样的理解，以我的亲历，将几年来搜集到的有关这个民族东归200多年以来，在生产生活中保留的、或者行将消失的传统习俗加以整理，做出这个专辑。这里面有个人的理解和感受，有向专家学者们的学习借鉴，但没有一丝主观的杜撰！牧民们怎么说、怎么做的，我便如实地记录和反映出来——忠实于原样是我的宗旨，不知有没有与专家学者及学术界理论相悖之处？若有，希望得到指正。也期待有人做得比我更完美！

白塔，藏传佛教——喇嘛教的标志性建筑，也是蒙古族土尔扈特人的精神圣地之一。

土尔扈特部与土尔扈特人

从地域上看，土尔扈特人分属于漠西蒙古，是卫拉特蒙古之一。它是蒙古民族中一支具有悠久历史的古老部落。

13世纪初，蒙古族人随成吉思汗西征，来到天山以北；明代蒙古族分为东部鞑靼和漠北瓦剌两大部分；16世纪中叶，漠北瓦剌分为土尔扈特、杜尔伯特、和硕特和准噶尔部；清代统称为厄鲁特或卫拉特，驻牧于新疆北部至巴尔喀什湖以东、以南地区。

在查阅资料之前，一直不明白厄鲁特与卫拉特之间是什么关系，甚至还幼稚地问别人："这两部是怎么回事？"当明白他们是不同时期的两种谓时，很是羞愧，同时也很欣慰——毕竟这项工作让我增长了知识。

土尔扈特的由来

很多资料记述土尔扈特部时都这样阐述："大约在公元7世纪，中国北方的森林中，活跃着一个叫做克列惕的部落。这一部落从人种、语言、民族和哲学文化来看属东胡——蒙古系统，与鲜卑、契丹相近；克列惕部被蒙兀室韦部战败后，成了蒙兀室韦部的一部分，进入水草丰盛的克鲁连、土拉、斡难河流域。蒙兀室韦就是蒙古部落的前身。统一草原后，蒙古这一名称才成为草原各部落的通称"（翦伯赞主编《中国史纲要》第三册，第91页，人民出版社1977年版）。

这里所说的克列惕（也译作客列亦惕、克列特、开来特），它是土尔扈特部的前身。更多的史学家认为，土尔扈特部始祖为翁罕（亦称王罕、汪罕）。翁罕的祖父马儿忽思共有两个儿子，一个叫忽而札忽思——不亦鲁黑，另一个叫古儿汗。忽而札忽思——不亦鲁黑有6个儿子，其中脱斡邻勒就是翁罕。翁罕的姓就为"克列惕"。

12世纪后半叶，翁罕为克列惕部首领。其时人口众多，兵强马壮，"成了漠北一个人数很多的强大的部落"（马大正成崇德主编《卫拉特蒙古史纲》第15页，新疆人民出版社2006年版）。而此时的铁木真因童年丧父，又遭强人所欺，

土尔扈特部与土尔扈特人

蒙古族画家林岱，根据资料创作的东归英雄渥巴锡汗画像。

颠沛流离，身处逆境。而铁木真的生父也速该的"安答"（异姓兄弟）是翁罕，有着"亲宜世继"的关系，因而，翁罕便成了铁木真最理想的保护者和同盟者。宋庆元5年（1195年），当铁木真援助翁罕击败了乃蛮部的袭击后，两人在土兀剌河再次结为父子，确立了"父子安答"的关系。

随着铁木真部落的崛起和元朝的建立、灭亡，该部落逐渐向西部游牧。正是这个阶段，"克列惕"部分易名为土尔扈特。而更多资料显示，土尔扈特部为"克列惕"直系后裔。翁罕家族中的克列惕人曾充任过成吉思汗的护卫，而土尔扈特方言中"护卫军"亦称土尔扈特（ougo）。因此，"克列惕"便称为"土尔扈特"。

图为和静县蒙古族画家林岱,根据东归历史创作的巨幅油画《东归》。

西迁与东归

历史上，土尔扈特部先后生活在我国西北部、蒙古高原、中亚、西伯利亚地区和欧洲伏尔加河、顿河等流域。《蒙古秘史》记载：土尔扈特在跨越两大洲的辽阔土地上，留下了英勇奋斗、永垂不朽的历史足迹。特别是公元1771年1月，土尔扈特人不堪忍受沙俄政府残酷压迫，在民族生死存亡的关键时刻，由首领渥巴锡汗率领，毅然选择了武装起义、万里回归的艰难旅程。他们历尽千辛万苦，付出沉重代价，最终回到祖国。这个英雄壮举不仅震撼了世界，而且作为人类历史上最后一次自发的民族大迁移而载入史册。神奇而壮烈的土尔扈特东归事件，至今仍然吸引着国内外学者和世界人民的关注。

土尔扈特部东归后，清政府根据当时形势，谨慎分析和揣测归来各部首领的情绪和状况，制定了较完备的收抚政策。乾隆对土尔扈特部安置时指出："土尔扈特、绰罗斯等，现宜指地令居。若指与伊犁之沙喇伯勒等处附近西边，易于逃窜乌鲁木齐一带，又距哈密、巴里坤卡路其近。朕意令居塔尔巴哈台、科布多西之额尔齐斯、博罗塔拉、额密勒、斋尔等处地方（《清高宗实录》卷887，乾隆三十六年六月十八日）。"后来考虑到承德入觐结束后，已到深秋季节，远在塞外边陲伊犁早已冰封雪飘，因此提出补充措施："为使厄鲁特等免遭损之，即先于分别指地遣住，暂住斋尔越冬，待明年春季再行前往（《满文土尔扈特档案》乾隆三十六年七月二十二日折）。"

但是，乾隆三十六年秋冬以来，天花在渥巴锡所属部众中流行，"几个月的时间出痘而亡者，已达3390人，就连渥巴锡的母亲、妻子、幼儿都出痘而亡（马汝珩、马大正著《漂落异域的民族》第200页。中国社会科学出版社，1991年

版）。"同时，6万余人挤在一个小小的斋尔之地，矛盾不时发生。渥巴锡所率各部和舍楞所率各部、策伯克多尔济所率各部已露端倪，矛盾不时激化，偷盗时有发生，械斗之事不可胜计。为了及时调和矛盾，清政府需要迅速给他们划分牧地。

收容部众较容易，抚封二层也较顺利，但要抚养众生却是困难重重。他们远地而来，矛盾蜂起，生活艰难，身体较弱，传染病无情肆虐。几万人挤在一个狭小的地方，随时都有全部被传染的危险。即使在冬季，清政府还是及时地对人口进行安置疏散。将东归的各部安置为6路：以渥巴锡为首的旧土尔扈特为4路，以舍楞为首的新土尔扈特为1路，以恭格为首的和硕特为1路。

清政府首先是对舍楞的安置，害怕其心怀多变，

为我介绍过不少土尔扈特风俗的老人布乃。

滋事扰边。1771年11月上旬，舍楞在清官员吉福、阿育锡陪同下，"率其属众，移往科布多、阿尔泰一带，以耕牧为业。""次年5月，舍楞被安置在阿尔泰乌拉台地方，与杜尔伯特同居之，归乌里雅苏台定边左副将节制，科布多参赞大臣管辖（中国第一历史档案馆《满文土尔扈特档》乾隆三十七年四月十一日折）。"

1772年1月，策伯克多尔济移驻和布克赛尔。策伯克多尔济察看后，以为该处水草俱佳，殊甚感激；俟其弟奇哩布病愈，即迁入和布克赛尔。该部归伊犁将军节制，塔尔巴哈台参赞大臣兼辖。

巴木巴尔移驻济尔噶勒乌苏，归乌鲁木齐都统和伊犁将军节制，库尔哈喇乌苏办事大臣兼辖。默门图、达什敦多克移驻精河一带，归伊犁将军节制，库尔哈喇乌苏办事大臣兼辖。渥巴锡部在斋尔伊犁原地，由伊犁将军总统一切事务，受哈喇乌苏大臣兼辖（中国第一历史档案馆《满文月折档》乾隆三十七年二月二十九日折）。

土尔扈特部与土尔扈特人

1772年5月，恭格驻裕勒图斯草原，由伊犁将军节制，喀喇沙尔办事大臣管辖。

1772年5月至1773年6月，渥巴锡先后5次考察裕勒图斯草原，终于选定了气候适宜、水草丰美的这片草原作为新的驻牧地。渥巴锡多次请示，认为斋尔地方狭小，部族无法生存，现选定裕勒图斯草原，请获允准移地放牧。清朝官员即派人共同踏勘，允准移牧。

1773年9月（乾隆三十八年七月），渥巴锡率所领土尔扈特南路盟分6队，在厄鲁特兰翎伊斯麻里，及熟悉道路的维吾尔族人噶札那奇伯克和买麻特·克里木向导的指引下，向裕勒图斯草原移牧。此前的7月，清政府将原在裕勒图斯草原游牧的和硕特恭格部，移牧于博斯腾湖畔以西以北之地，以便腾出裕勒图斯草原供渥巴锡部游牧。

至此，4路旧土尔扈特部、1路新土尔扈特部、1路和硕特部游牧地确定。西到博尔塔垃草原、东到博斯腾湖畔、北到科布多、南到塔里木河流域，以旧土尔扈特南路渥巴锡汗驻地裕勒图斯草原为中心，东西相距2000里，南北长达4000里，并沿袭至今。

土尔扈特谚语

长发绕脖子，长话绕身子。

巴音布鲁克草原上的紫苑花。

秋日的草原。

生活习俗

新疆土尔扈特蒙古人的生活习俗与
我国其他蒙古部落既有许多相似或相通之处，又有属于
自己的文化传统。由于土尔扈特东归后，清政府将其分别安置在
相距4公里以外的五个不同的地方。因同维吾尔、哈萨克、汉等民
族杂居200余年，随着历史的变迁，民族风俗习惯却有不同程度
的改变。这里搜集整理的是以巴音郭楞蒙古自治州居住的，并被
土尔扈特人普遍认可和遵循的一些传统生活习俗和风俗习惯。

传宗接代习俗

　　长期在草原上行走，你会发现，逐水草而居，与苍天大地相依相伴的土尔
扈特人就像大自然的孩子一样，他们与山为兄弟，与水为姐妹，酷爱大自然，
喜欢充满活力和挑战的自然生活。

　　几百年来，以游牧为主的蒙古族人是经受了大自然无数考验，并且得到
大自然的恩赐才生存下来的。蒙古人崇拜大自然的一切产物，热爱和保护着
大自然，注意研究和发现大自然的细节和规律——这与蒙古人的传宗接代观
念紧密相连，他们希望得到大自然的保护。

出　生

　　土尔扈特蒙古人盼望子孙的心情十分迫切，注重对子女的教育。他们希
望子女们能够心灵手巧，力大无比，心地善良，富有正义，孝敬父母，忠于
民族。

　　家中人丁兴旺，五畜丰盈是老人们最开心的事。长辈们对新媳妇什么时
候怀孕、什么时候生子十分关心。对媳妇是否怀孕很敏感，也很重视，一般不
直接问媳妇，也不提醒晚辈们是否该要孩子，而是默默地从饮食习惯、日常行
动上观察。有经验的婆婆会从日常生活的细节方面发现媳妇是否有身孕。一

旦发现媳妇怀孕，马上制定妥善的关爱措施。对媳妇的饮食、行动、家务劳动等会做出相应的安排。从怀孕到孩子出生、说话，都有一套严格完整的照料计划，甚至包括如何与媳妇做好思想、语言交流沟通、如何确保媳妇心情愉快。这些在家中并没有明文规定，父母也没有特别要求大家要如何行动，而是以行动体现于日常生活的细微之处。只有生活在其中的人，才能深切体会得到。

土尔扈特人称怀孕妇女叫"达布呼儿"，意为成双的。还有称"库鲁空都"，就是腿脚笨重，或是"他希儿"，也是双份的意思。若有人询问时，家人回答都是"阿其亚太"——身体重了、"巴依儿太"——有喜了等。

怀孕后，在吃喝方面，以孕妇自己的口味为主，而且要讲究卫生，吃新鲜的食物，吃易消化的带汤的食物。老人们认为，孕妇吃了脂肪过高的食物，会造成胎儿脑子反应慢、傻呆、迟缓，所以不主张吃高脂肪食物。蒙古人有句谚语：喝汤胜于吃饭，多产也是富裕。提倡吃饱，不提倡多吃。一天三顿以汤为主，中间带两

土尔扈特人的后代们。

哈热与她的乖女儿。

次喝茶吃馕。同时也要求家庭成员尽量随孕妇口味，多喝茶吃馕，以清淡为主。黄米、大米、牛羊肉、奶制品是孕妇的主食。提倡适当活动，不能坐着不动。

孕妇禁忌　孕妇不能吃摔死、病死、咬死、来路不明的动物肉。

土尔扈特人除婚礼这样的重大仪式外，走亲访友一般不带生肉。平时走亲戚或访朋友送羊的胸叉骨、牛的肋条时，要煮一下再送人，但孕妇不能吃别人送来的这些礼物。孕妇也不能吃山羊肉。老人们认为，山羊满山遍野跑，容易吃到毒草。虽然消化了，但残存的毒素可能影响胎儿健康；孕妇不能吃禽类，认为如果吃了麻雀等飞禽会生痴呆儿，吃鸡鸭肉可能会造成孩子性别改变。也不能喝酒，因为会生畸形儿。

牧民认为，地上跑的盘羊、天上飞的黄鸭如果被杀了，它们的灵魂会来报复！所以，孕妇不吃盘羊肉和黄鸭蛋，吃了会难产；孕妇不能骑骆驼或吃骆驼肉，那样产期可能往后拖。吃兔子肉会生兔唇孩子。孕妇不能吃过夜或者变质食物，如果吃了会影响孕妇健康和胎儿成长。

精神方面　强调孕妇要喝清澈干净的水，环境要优美，周围必须安静，心情要舒畅，避免让孕妇听到恐怖的事情和声音。另外，还要避免让她突然生气、大笑，不能打，不能骂，不能惊吓。

行动方面　不能坐在床边上，不能长时间站立，不能干重体力活，不能待在空气污浊的地方，不能听刺耳的声音，要注意室内空气洁净。经常对她说一些好听的话，在身体、心情、语言方面要特别注意，鼓励她生一个健康有福气的孩子。

孕妇出远门时，防止出意外，防止遇到惊吓。孕妇不能骑烈性马、没有鞍的马，或者驮生肉的马。

生活中，家庭里不能吵架打架，不参加红白事。孕妇要远离临产的孕妇，或者不能接近胎位不正的孕妇。除此以外，还有很多注意的地方。比如：不能用脚踢炉子里的火，而要用手送进去——用脚踢，生孩子时会先生脚。地上有绳子不能迈过去，会造成脐绕颈。不能在路上方便。那样的话，生出来的孩子生殖器是歪的。孕妇对公公婆婆或者长辈不尊敬会难产。这些仅是牧民主观习俗上的理解和认为，并没有科学依据。

性别观察　蒙古人在漫长的生活中，习惯从饮食、行动、精神、喜好上判断生男生女。比如：让孕妇走在松软的土上观察，右脚的脚印比较明显，身体比较轻盈，平时不太爱生气，就断定生男孩。原因是胎儿在母亲肚子里时，他体重大部分都在母亲子宫的右边，反之是女儿。孕妇临产时，右边的乳房能挤出奶水就是要生男孩。

接生婆摸孕妇肚子可以发现生男生女。她们认为，动静较厉害的是男，动得不厉害的是女。土尔扈特人认为，男孩在母亲肚子里时，与母亲是面对面的。而女孩是面向外的，所以长大后要出嫁。

这些禁忌，一些是由上辈人传下来的，不一定有科学依据，一些是人们在长期的生产生活中总结出来的，是经过实践检验的，值得学习和借鉴。了解土尔扈特人的风俗时，需要辩证看待，有的放矢。

宣布孩子性别　如果知道谁家生孩子了，牧民们不会直接问生男还是生女，往往问：家里生的是赛马还是针鼻子？是男孩的，主人回答：是赛马或者是支箭头、小王子等。是女孩时，就回答：是长黑头发的，或者说是一朵花。

生了男孩的人家，为了让外人明白，会绑一条红布从蒙古包天窗的西南方向伸出去；生了女孩，红布条就从东南方向伸出去；或者在蒙古包门上挂一个弓箭代表生了个男孩，门上挂条红布说明生的是女孩。

当哥哥的感觉真好！

婴儿洗礼

　　土尔扈特人对婴儿洗礼十分重视，认为这是人生中的第一次洗礼，也是对人尊重的仪式。从这一天起，婴儿就有了自己名字，成为家庭中的一个正式成员。

　　孩子洗礼的时间是以脐带脱落为准。当新生儿脐带脱落，产妇能下地活动时，孩子就可以洗礼了。家中要选一个吉祥的日子，请来喇嘛和左邻右舍、亲戚朋友，给婴儿洗礼，并征求喇嘛的意见后，给孩子起名字。

　　洗礼时，婴儿的接生婆、舅母、女性中的长辈、邻居中年轻媳妇及小孩，都要带上礼物，如茶、酒、糖、小被子、衣服等来祝贺。洗礼水是用羊右后腿上的三截骨头和肉煮的汤。主人要尽已所有招待好客人。要给炉里添油敬火。客人们喝过茶，把礼物都摆在桌子上后，主人家的女性长辈开始发言：今天我们家新增加了一个小生命，所以特地请大家来庆祝。他正躺在温暖的摇篮里。能得到你们的垂爱和关心是他此生的幸福。然后，接生婆和奶奶调好汤温。洗礼汤中要放茶叶、铜钱、打火石、羊髀石、白银，也有放大米、葡萄和酒的。

放这些东西的寓意：

茶　代表礼貌和第一。家中有客时，第一件事就是敬茶。所以，期望孩子将来成为一个知书达理的优秀人才。

打火石　代表火神。期望孩子一生得到温暖。

白银和铜钱　代表健康长寿，长命百岁，一生富有，受人尊敬。

酒　代表能清除一切脏物，孩子远离不洁。

大米葡萄　期望孩子将来儿孙满堂，多子多福。

羊髀石　代表孩子有力气，站得稳。

调好洗礼汤后，在汤盆边放一张白色羊毛毡，上面摆上脱落的脐带，一块身体健康的老人的衣服上的布头、长辈和小孩曾用过的碗或杯等东西，让婴儿站在毡上。接生婆先给婴儿从头到脚洗。这时，老人们要给孩子念祝词。然后，来祝贺的亲朋好友都象征性地给孩子洗一下。小媳妇们给婴儿穿上新衣服包裹好，证明孩子得到了大家的祝福。

洗完后，把白色羊毛毡拧干，与打火石、髀石、白银等包好存起来。如果再生孩子时，还用它来洗礼。

给孩子洗礼的祝词最常用的是：

臭孩子呀

祝愿你像月亮一样轻盈明亮

像飞箭一样敏捷快速

祝你肚脐早日长好

两脚早日踩地

未来的日子多子多孙，一生平安

礼仪结束时，要给接生婆和舅妈送上羊胸叉骨、一把大米、油饼、烤馍，给所有来客送一条毛巾或者一块布料，客人带来的小孩要给一些糖果等。大家吃饭时，要从羊右后腿中间骨头上先削下一块肉给婴儿的母亲吃。那块骨头用来先敬神。敬完后塞在蒙古包上座位置的顶上。

蒙古人历来强调各人用各人的碗筷。所以，经过洗礼后的孩子已成为家中正式一员，也要给他(她)指定专门的碗筷、澡盆。有些家庭还给新生的婴儿指定一些与他(她)差不多同时出生的幼畜及畜妈妈———一般都选一些白色的牲畜。这些牲畜一经指定，便成为孩子的永久财产了。

祖母正在为剪发的孙女接头发。

孩 子 出 门

洗礼后,选择气候适宜的时候,要将孩子尽快抱到户外去适应——环境迫使人们不得不这样做。因为牧民需要经常转场,孩子免不了要出门,因此,让孩子尽快适应外面的气候是洗礼后必做的。一般是在天气允许的情况下,选择一个吉日,烧上松香草(杜松,牧民喜欢采集它的枝叶焚烧,代替香的作用),把孩子抱到户外见见阳光,经经风。这以后,就可以带上礼物,抱上孩子走访亲朋好友了。孩子初次登门要带礼物,以后去就不用了。去的人家要热情接待——捧上新鲜的奶子,在孩子的命门上抹上酥油,对孩子的母亲及随行人员茶饭招待,给孩子的母亲毛巾或者衣料,条件好的家庭还给孩子指定一两头牲畜。从此以后,孩子任何时候都可以外出了。

剪 胎 发

土尔扈特人认为,头发是从娘胎中带出来的,是高尚之物,不能随便剃掉。孩子一出生,胎发就一直蓄着。一般要等到三周岁,举行剪发礼才可以剃掉,牧民称之为"剪头发"。

过去,牧民们认为,幼儿的胎发留得越长,寿命就越长——有的人家要等孩子长到5岁甚至7岁才剪胎发。这仅仅是从形式上理解。如果我们透过这个形式,向更深层次探寻会发现,土尔扈特人

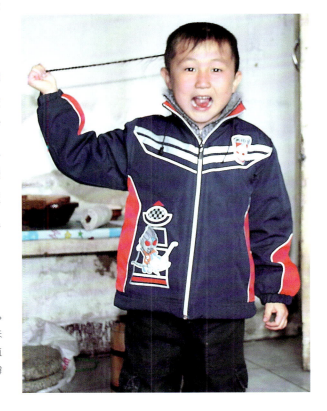

退休教师阿拉登的宝贝孙子。父母疼爱有嘉。过3岁剪发礼后,未将头发全部剪去,留下一小撮一直长到6岁。看见我们评论他的小辫子,小家伙得意地揪起来显摆。

为孩子剪胎发的渊源更多是来自于生存环境。

土尔扈特人长期生活在大山之中，过着逐水草而居的游牧生活。看似悠闲自在，但是真正走近他们才能体会到生存的艰辛。草原上气候恶劣，人烟稀少，条件艰苦，特别是医疗条件落后，大人孩子生病很难得到及时医治。牲畜常常转场，又使生活始终处在不稳定状态下，有时孕妇会在冰天雪地的转场途中生孩子。这些年在牧区行走，听到过很多关于牧民在残酷环境下挣扎生存的事情，其中有这样一个真实又悲惨的故事：

很多年以前，一位牧民在转场途中，妻子突然临产。出现难产，他们无法处理，丈夫只好骑马到就近的地方找人帮忙。在荒无人烟的大山里，即使有人，也在百公里以外。丈夫走后，妻子实在无法忍受难耐的疼痛，竟然自己用刀子把腹剖开——拉出孩子的同时，大人也失去了知觉……寒冷的冬天，两个脆弱的生命哪里抵得住严寒和疼痛的折磨！当丈夫匆匆赶回时，眼前的情景让每一个在场的人都潸然泪下——两个鲜活的生命已经凝固在了冰血里！男人疯了一样，骑着马在草原上狂奔……

这样残酷的故事离我们已经很远，很远……牧民的生活早已发生翻天覆地的变化。

艰苦的环境中，人的生存是首要问题。当一个生命降生时，命中注定他要经历比正常环境中的孩子更多的磨难，特别是1~3岁，生命还处在十分脆弱的时期，人们不敢保证今天怀抱中的宝贝，明天会遇到什么不测！采访中，常常可以听到年老的阿妈们念叨自己一生生过多少个孩子，活下来的是几个。几乎每个阿妈都有一次或几次痛失爱子的经历！他们也许是还未降临人世就走了，也许是刚刚来到这个世界，还未来得及看看美丽的草原就走了，也许已是活蹦乱跳，给父母带来过无数欢乐，突然在一场高烧或急症中永远消失了……

透过这些现象，我们就能更深切地体会到土尔扈特人为什么要给孩子过剪胎发礼，为什么一定要等到3岁或者更长的时间以后才举行剪胎发礼。因为，过了这个脆弱的时期，孩子就能平平安安成长，父母也可以放放心心向亲邻宣布"我家有子初长成"，而不至于早早过了剪发礼，孩子中途夭折，使众人跟着难过。这些仅仅是我们在搜集剪胎发习俗时，做的一些深层次考证。虽然这个习俗的起源有点悲壮，但是演绎到今天，已成为土尔扈特人生活中的一件值得庆贺的喜事。它代表人生成长的一个重要阶段。

生活习俗·传宗接代习俗

这是我在赛很脱海的巴特叔叔家拍的。虽然屋里陈设简陋,但孩子无邪的双眼和躲在门后天真的笑脸让人无法忘怀。

3岁是人生的重要发展阶段。3岁的孩子会说完整的话,开始有记忆,懂得辨认这个世界上基本的东西。因此,土尔扈特人3岁剪胎发是有一定的人生道理的。

剪胎发仪式一般是在舅舅家举行,也有在自己家或者爷爷奶奶、外公外婆家进行的。仪式前,孩子的父亲要请喇嘛选择吉祥日,家中要提前做奶酪、酸奶、奶酒等食品,炸油果子,备好牛羊肉、风干肉,向众亲邻下请束。

剪胎发时,要请专门的祝词人,由喇嘛来颂经祈福。仪式分为首剪、家剪、客剪三个程序。

首 剪 在清晨太阳刚露脸时,由事先请好的与幼儿属相相左的小青年或舅舅动第一剪,谓之"首剪"。首剪剪下的头发要装入剪刀柄上的哈达结内。

家 剪 是在首剪后,家庭长者及兄辈依次各剪一剪,谓之"家剪"。家庭长者或长辈中当天没到场者,要留下一撮,等他来日再剪。

7岁的孩子，跨上骏马，已然是个男子汉了。

客　剪　待参加剪胎发仪式的客人到齐后，在孩子的父亲或司仪主持下，由来客中最长者开始，依次剪发。

凡是给孩子剪发的人都要先祝词，再将礼物搭在孩子的颈上，或把贺钱放在亨胎发的白布托盘上，然后拿起剪刀，口诵剪发词：

祝愿你一切平安

金剪子剪你的金色胎发

祝愿你长命百岁

财富像摇钱树一样枝叶茂盛

祝愿你所经营的白色牲畜达到十万头

万事如意

永远幸福

每诵到最后一句时，只听"咔嚓"一声，剪一缕。待客人们依此程序全部动过剪后，司仪非常虔诚而谨慎地将剪下的胎发从哈达结内取出装入盛福囊。

剪胎发时，除来宾送的衣物、铺盖、哈达和红包外，父亲和母亲的近亲要当众宣布送给孩子的牲畜。孩子长大后，对所送牲畜及仔畜有支配权，姑娘出嫁时有权带走。这就是土尔扈特人生来就有家财的习惯。

剪胎发仪式结束，主人要设丰盛的宴席招待宾客。现在也有到酒店去宴请的。

剪胎发这种礼俗，在土尔扈特人中，从古至今，代代相传。虽然内部各部落间有自己的说法，但程序和祝词大致相同，规模和讲究今胜于昔。

上 马 背

长期在牧区生活的土尔扈特人，男孩子一生下来就开始给他物色小马驹。孩子长到5~7岁时，便要举行一个上马背的仪式。土尔扈特人讲究单数，要么是5岁，要么是7岁，绝不会选择4岁或者6岁。

上马背是土尔扈特人成长过程中，又迈上的一个新阶段。从骑上马背这一天起，他就有了属于自己的坐骑，可以与成人们一起驰骋于草原，辗转于冬夏，是名副其实的牧人了。

上马背仪式一般在自己家举行。父母请来亲朋好友，把孩子打扮一新，并将他的坐骑配上全新马具。在马鬃马尾上系漂亮的毛线或者绸带，年长的男性将孩子抱上马背，父母为孩子抹上酥油，祝福孩子成为新骑手。然后，牵着马让孩子顺时针绕蒙古包转三圈。在众人祝福声中，孩子独立骑着骏马奔向草原。

大人只是在上马背这天把孩子抱上马。此后，一切都由孩子自己负责。他要像一个真正的蒙古男人那样，自己跨上马，自己管理马，自己处理一切与马有关的事情。自此，孩子与马成为一生的伙伴。

记诵祖宗系谱

这也是一个很久远的传统。目的是为了让世世代代的土尔扈特人不忘自己的根，不忘祖宗姓氏。因而，土尔扈特的孩子在成人后，就要由长辈或部落中的长辈教他记诵7代以上的系谱。各个氏族都有记录系谱的人，系谱保留在汗王和贵族手中。土尔扈特人背诵系谱，一是给父母子女背，二是给同氏族的

记录着土尔扈特蒙古人历代汗王的世系表。现存于新疆巴音郭楞蒙古自治州和静县历史博物馆。

人背诵,用以纠错,三是给史学工作者背诵。一般不会给其他人背诵。背诵系谱时特别虔诚,点上佛灯,口念真经,跪着背诵(恭本德吉特《土尔扈特系谱记》1990年12月18日)。

牢记祖先的名字,是每个土尔扈特人的责任。只有脑子不够用的人,或是父母早逝的孤儿才不知祖先的名字。土尔扈特人把不能背诵7代祖先名字的人称为孤儿或傻子。部落人对这样的人只是同情和怜悯,还会施他们饭食、衣物,并不会蔑视、嫌弃他们。但是,由于很多系谱是口头流传,有的含混不清,有的带有神话色彩,有的掺杂人为观念。中间因为各种因素,完整流传下来的并不多。更可惜的是,目前记诵系谱这一习惯在人们心中已经淡忘!在基层搜集时,提起记诵系谱,年长的人还知道一点,年轻一代基本没人了解。新一代的孩子们甚至连3代以上的系谱也不知道!这不是一天两天造成的,需要后人共同努力。

生活礼俗

长 辈 礼

　　千百年来，受儒家思想影响，土尔扈特人的生产生活中也或多或少存在着与儒家倡导的君臣父子、尊老爱幼、男尊女卑等思想遗风。而热情好客、尊重长辈是土尔扈特人历来遵循的传统美德。特别是对父母，一向十分敬重。宴席上喝酒要让老人，讲完祝词的人先喝后，其他人才喝。在家里和部落里遇到难事，要向老人请教。唱歌敬酒要从年老者开始。在土尔扈特的民歌中，歌唱父母长辈的尤多，特别是赞美母亲仁慈、宽厚、勤劳、善良的歌曲特别多，其中最为著名的有《民金杭盖的鹿》、《夏尔金花》、《本布来》等。

　　旧时，孩子见到父母时要行礼问好。向父母问候时，儿子要左膝挨地，两手伸开问："父亲您好"、"母亲您好"。女儿要左膝挨地，两手放在左膝上问候。向叔、舅等长辈及有职务的人问候时也是这样。而长辈们接受晚辈问候后，一般要回问：家中大人孩子都好吗？牛羊都好吗？冬天过得好？春天过得好吗？

　　看到长辈、年龄大的人或有官职的人从外面来，要戴帽子出门迎接、问候，并把客人的马鞭接过后捏在手上。问候时按年龄的大小，一般是幼小的先问大的。小的称呼大的问好时说"您"，大的问候小的称"你"。

　　土尔扈特的男尊女卑思想相对还是比较严重的。比如生活中，女人不能坐在上首，女人的衣服不能晾晒或叠压在男人的衣服之上，特别是不能随便把男人的帽子抓来扔去，或坐到身子底下，出门时，女人不能抢在男人前面，拜佛行礼时要先男后女等。

　　骑马拜访别人家,快到门前要勒马减速,从蒙古包的左边过来,绕到右边离房子不太远的地方再下马。如果直接骑马冲到门口或从右边过来,会被视为不懂礼貌、给人家带来不吉利,或者是来寻衅闹事的,不会受到欢迎。

　　来客如手里有鞭子,下马时一定要放到马鞍下。如果为了防狗咬,会抓在手上,进房时一定要放在房门右边的毡下。一般情况下,马鞭、猎枪等是不能带进屋,更不能用马鞭子挑人家门帘,或者直接拎着鞭子、猎枪进屋,这都是被视为不友好甚至来挑衅的行为。进蒙古包时,要从门的左边进。到了包里一般是男坐右,女坐左,小孩坐在左前或右前。背着双手进屋是看不起主人的行为。进屋东张西望、随便仰靠、半躺或把脚伸出去是不礼貌的行为,也是土尔扈特人的忌讳。

见 面 礼

　　亲戚、朋友、同事等见面时都要热情问好。就是经常见面的邻里也要相互打招呼说:哪里去呢? 在干什么呢等。见人不主动打招呼是不懂礼貌的表现。

　　告别时,要让年长的人先出门,主人要亲自送到门外话别:"请走好"、"请留步"、"再见"等。客人出门时不能绕着火炉出。屋内有老人或长辈时,要退着出门。

　　如果留宿客人,主人要热情招待,把客人的物品、车马安置好,不能丢失或损坏。早晨走时要提前把客人的车马物品备好,并送客人上路。

待 人 接 物

　　土尔扈特人给人敬茶、敬酒或送物时,都是用右手或双手,身体略前倾。对方也要伸右手或双手接,用左手接送是不礼貌的。一般情况下,给别人任何东西或向别人借任何东西时,都不能把东西推过去或随便扔过去。

　　土尔扈特人家里来客时,是不能问人家:你吃饭没有? 吃不吃饭? 只要有客人上门,就要热情奉上奶茶、摆上奶食、烤饼、糖果等,并且准备好主食请客人用。土尔扈特有句谚语:"没有问人要不要吃的,只有请人吃"。

　　在递刀、剪、锥等有刃的东西时,不能把尖头向对方,而要让尖头朝自己,把子向对方。给客人送礼物时,不能送帽子,特别是小孩。最好送鞋袜等。

孟根姑娘双手为奶奶捧
上纯香的奶茶。

任何时候来客都要倒茶。若客人有急事,来
不及烧茶水,可以把家中现有的东西,如酸奶、糖
果等端来给客人吃。实在什么也没有时,抓几粒
干茶叶让客人嚼一下也行。绝不能让人空走——
来客一定要吃或尝任何一点东西才能走。

倒茶、酒时不能倒太满或太少,太满了对客人
不礼貌,太少了不吉祥,是不怀好意的表现。

给客人倒茶,要顺时针方向转,这是对客人的
尊重或对他们表示吉祥如意。土尔扈特人很在意
茶碗、酒杯等用具,很忌讳用破、裂、有缺口的餐具
招待客人。

土尔扈特人很看重人与人之间的情义。每当
新年节日,或者开春和丰收的季节走亲拜邻时,一
般要带礼物,如羊胸叉肉、牛肋条、油饼、酒、糖果、
哈达、毛巾等。客人下坐喝茶后,把带来的礼品摆
放整齐双手捧给主人。主人双手接下,象征性尝

洁白的哈达是给远方客人最吉祥的祝福。

一下，并向客人说祝福词，给客人敬酒。客人尝酒后，要给家里年纪大的人祝酒。老人祝词为："望你们经常来往。祝愿子女长寿，五畜兴旺，大家幸福！"说完，把酒在火上滴上几滴再喝下去。

客人用餐时，主人端上来的手抓肉，客人要先在肉的右边割两块、左边割两块放在上面，或者先吃一点，再说上几句祝福："像肉一样成熟，像畜群一样繁盛，一切吉祥如意！"然后再共同进食。

牧区的土尔扈特人家庭，一般早晨起来后就把茶烧好，兑上鲜牛奶（有的用山羊奶），放在火炉边。有客人来了，主人就放好桌子，首先要奉上奶茶，然后摆上各类奶食品。不管客人有无饮茶的习惯，土尔扈特人都要敬上一碗热茶。否则，就会受到人们的讥笑，被人认为不懂礼节："既无茶，也无脸"。

献"德吉"是蒙古人普遍遵循的一个习俗，土尔扈特人也不例外。他们把饮的第一口称为"德吉"。吃菜、喝酒和饮茶等的第一口，也被称为"德吉"。

有献"德吉"和要"德吉"两种。土尔扈特人的家庭中，来客人进餐时，不管是喝茶，还是饮酒、吃饭，都是这家的年轻人献于来客，然后礼貌地说道："请您用……"就是说这第一碗茶、第一碗酒，或者是第一碗饭都是由来客首先享用，其他人才动碗筷。土尔扈特人称之为"德吉乌日根"，即献"德吉"。

假若来客是年轻人，当他接受"德吉"后，不能自己先用，而是忙于给这家的长者倒上茶，或是斟上酒。在这家长者的劝请下，才动碗筷。

如果家中没来客，第一碗茶、第一杯酒和第一碗饭由长者先用，然后晚辈人才动碗筷。这叫要"德吉"。体现了尊重老人、长者的良好风尚。如有小孩、晚辈因无知，在进餐时先动碗筷，做父母的就会批评道："你先要德吉啦？"

大多数人家是将"德吉"献于已故的长者遗像前，以表示对死者怀念和尊敬。这叫献"德吉"。

待客程序

土尔扈特蒙古族是个热情好客的民族。家里来客人，主人要出门迎接。若是远道而来的老人或长辈，一定要早早迎上

土尔扈特谚语

一步之错，百步难纠。

手抓肉盛上来后，客人要动手剔下一小块，与主人分享。

去，左手接客人的马，右手把马绑好后，请客人进屋、上座、问候、敬茶、敬烟，先让他们尝一下奶子，为他们祝福。没有奶子，酸牛奶、酸马奶也可以。要是都没有，一定要烧新茶，放油饼、油果、奶制品等食物，一定要盛满。喝茶后，给客人倒酒、煮肉或做饭吃。为了让客人不感到寂寞，请几位朋友或邻居作陪。这是第一道程序。

第二道程序，是贵客光临一定要宰羊，给客人献羊头和尾。等客人吃得差不多时，主人根据客人的年龄大小、辈分前后等顺序，分别献不同的歌并敬酒。给客人敬酒时，一般是在歌唱到第二段时，才可双手高举酒杯，走到客人面前敬献。要是提前或推后敬酒，就意为失礼。客人接了酒先自己尝一下后，回敬给在座的首领或长者尝一尝，再一饮而尽。家里来客，或部落中从远方来客时，大家热情迎接，叫儿女到邻居和亲朋好友家传讯，请他们来说："客人来了，要把尊贵的客人照顾好"。同时，邻居们还会主动帮忙，大家欢聚一起，共同为客人敬酒献歌，气氛十分热闹。

第三道程序是送客。客人说要走时，主人挽留，请他们多住几日。客人一定要走，主人会谦虚地说："没有把你们招待好，请原谅。"并给客人献哈达，或白毛巾、布料等礼物，目送客人离去。

做 人 要 求

土尔扈特谚语中说："脾气好的人家客人多，水草多的湖里鱼儿多。"自己有好品行，能跟人和睦相处，自然会赢得别人的尊敬和帮助。如果自己的孩子跟别人的孩子发生争执，即使自己孩子没错，也要说"对不起，是我的孩子淘气了。"回家后要教训自己的孩子。

土尔扈特人历来注意人与人之间的沟通交流，说话算数。在与人决定事情时，以面谈为依据。所以，再大的事也要当面把话说清。所谓"好汉一句，好马一鞭。"他们看不惯说话拐弯抹角、吹牛拍马屁的人。

如果因喝多了酒后说了不该说的话，或是跟朋友顶嘴打架，酒醒后，会及时去找人家解释道歉，或请人家喝茶，以表示自己的歉意。

土尔扈特人把关心帮助他人当作自己义不容辞的责任——不管是亲戚还是朋友，都一样对待。外出打猎归来，要给邻居送些鲜奶烧茶喝。家中宰了羊，会给左邻右舍送一碗有头、有脚、有心、有肝的全羊汤，表示一个整羊大家都分享到了。即使不认识的人遇到难处找到蒙古包里来，也要主动请人家吃

套马,是牧人必须具备的一项技能。

饭,送也马牛,让他顺利地渡过难关。对那些有困难的孤儿和老人,大家都会主动帮助和扶持。所以,在土尔扈特人的聚居地,本民族内部是没有乞丐的。

平时谁家若有事,无论好事坏事,大家知道了都要主动去帮忙处理。有人生病了,要帮忙去找医生。谁家遭了灾,更要主动去帮助看牲畜,收庄稼。若是哪一个人看到这些情况不帮助的话,会被众人骂为自私鬼、黑心人。

土尔扈特人家庭观念很强。两个人组成一个家之后,生活上相互照顾,学习和工作上相互支持,互相理解,遇事商量。对双方父母兄弟一视同仁。家里的事要共同商量着定,财产共同掌握,不能自作主张。尊老爱幼,有共同负担教育哺养子女的义务和美德。

土尔扈特人非常注重子女的文化教育。在牧区,不论家中多贫寒,父母都会想尽办法让孩子去读书。旧时没有学校,会将孩子送到庙中跟着喇嘛学认字。即便是今天少数地方还存在辍学现象的情况下,对于山高路远的牧区,却很少有家长让孩子辍学。他们认为,学文化是非常重要的,知识才是无价之宝。蒙古俗话说:"一生钱财,不如一时的知识。"

宰畜待客礼

土尔扈特人以整羊熟肉请客为上等宴请,这种宴请分祭宴、礼宴、喜宴等。

祭宴为祭神、祭天、祭地,用当年羔羊。礼仪宴是用二三岁的羊。喜宴用大羊。如果娶亲嫁女,用羊胸叉待客。把肉分节煮熟后,先不放盐,盛放时按整羊似的放好。

土尔扈特人特有的美食:手抓肉和蒙古饺子。图中长腿腱子肉敬给最尊贵的客人,客人再将它献于佛前。

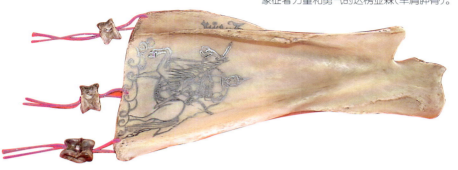

象征着力量和勇气的达楞亚森（羊肩胛骨）。

吃手抓肉，以前有不少的礼节。首先割一点或拿一块肉放在佛龛前敬佛。吃肉时一定要用刀子，吃完的骨头不能乱扔，放回原盘。

各地蒙古人杀羊宴请有些不同，但大致一样。一是整羊肉，一是分块羊肉。分割肉又分大块分割与小块分割。大块分割是将羊分成前两只腿、后两只腿、一块胸叉、一块臀部、一块脖子和脊椎七大部分。小块分割是从羊的各个关节处分割，大致要分割60~70块骨头。土尔扈特人分割肉时不用斧剁刀砍，而是从羊的各个关节处易开，煮熟分盘。

手抓肉宴请

过年和一般宴请时，要先把宰杀的整羊分割。肢解时，将肋骨一一分开。最后的小肋骨不能给客人吃，胛骨上的软片和胫骨上的膑骨要取掉。肉摆上桌后，客人要先动刀，给最尊贵的客人面前要放羊后腿的肉，客人要将右后腿的整个前面一段献于佛前，然后大家一起吃。

土尔扈特人对羊的各个骨头都有说法和讲究。比如羊肩胛骨，要请尊贵的客人来吃。客人要用刀将肉一小块一小块剔下来，堆放在胛骨上，请在座的所有人都吃一点，人们称之为团结肉。一般是请年长的先吃并说："祝我们的羊群如云、儿女长寿、马群强壮"等祝词。

胛甲骨一定要吃得干干净净，并将骨头捏或敲碎。谁能将骨头一把捏碎，就被看作是真正的男人——有力量的巴特。

敬于佛像前的羊腿肉。

整 羊 宴

　　整羊不能分,是连头带尾烤煮,盛在大盘(木盆)里。羊头额上刻有日月图案。抹一些鲜奶和酥油,头朝客人方向,端放在客人前面,并给客人斟酒。然后,客人用刀从羊尾割一些油放在羊头上,把羊头给主人,主人把羊头供奉到佛龛前。接着,客人中间一位比较懂礼节的人拿刀把整羊分解,又割一块大腿上的肉给主人。主人把肉放回盆里说:"请客人们吃吧。"客人开始吃肉。

上饭礼仪

　　一般是等客人把肉吃得差不多时,主人才将肉汤面条或者肉汤饺子端上来,请客人用。土尔扈特人从来不会客人一坐下直接将饭端上来,除非是自己家人日常用餐。

土尔扈特谚语

育树十载，育人百年。

敬酒趣俗

　　酒与土尔扈特人生活密不可分。快乐时以酒助兴，孤单时以酒做伴，欢聚时对酒当歌，悲伤时借酒浇愁，劳累时浅饮解乏，悠闲时小酌怡然。这种处处有酒、处处有歌的形象，使外界对蒙古饮酒有很多误解，认为蒙古人嗜酒如命，是酒徒、酒鬼。这是不公平的，或者说是对蒙古酒文化的一种曲解。

　　酒文化是我们整个民族的文化。要说制酒、售酒与饮酒，相对于其他民族而言，汉民族应该有过之而无不及。蒙古族之所以给人以能喝善喝好喝的印象，更多原因是来自于他们豪放的性格和艰苦的生活环境。因为生活在高寒地区，长期在野外游牧，需要用酒来取暖，以酒解乏提神。从历史资料看，蒙古人是反对嗜酒的。成吉思汗的箴言就说过：少饮如蜜，暴饮如毒。他在说到酒的危害时提出："嗜酒者昏，若聋若哑，心首无主，执业俱废。酒之乱性，不问人之善恶也。君嗜酒则君失职，百僚倾家。仆口嗜酒则将受责"（《元史译方增补·太祖训宗补辑》）。

　　土尔扈特人虽然在日常祭祀、节日、喜事等活动中，会以酒助兴，但并不提倡甚至制止贪杯过饮。他们认为，过量饮酒不但会损害自己的身体，而且会影响他人安宁。很多土尔扈特人不饮酒，并且是反对嗜酒的。

　　与其他民族一样，酒文化在土尔扈特人民俗文化中占有重要地位，并且具有独特韵味。

接过主人敬的酒，首先要
回敬给长辈或尊敬的人偿一
偿，自己再饮。

敬酒为何敬三杯

俗话说，无酒不成宴。土尔扈特人的席宴上
同样少不了酒！敬酒是款待客人的一项重要程
序，也是一种最高礼节。没有敬酒、唱歌、献哈达，
表明主人最真诚的心意还没有表达出来。一般是
在酒酣耳热之时，主人拿出珍藏的金碗、银碗和
洁白的哈达，为客人敬酒。

"三杯酒"。土尔扈特人认为"三"是吉数。
"三"在日常用语中，比较常见。因此，敬酒也需连
敬三杯（一些地方也习惯连敬两杯，称为"举来"，
即成双）。

敬三杯是土尔扈特人最传统的敬酒。第一杯
一般为茶、奶茶或奶酒，意为让客人先润润嗓、暖
暖胃。从健康角度讲，这是非常科学的。第二杯为
金碗盛的酒。第三杯为银碗，均斟满酒。用金碗银

生活习俗·敬酒趣俗

碗为客人敬酒，不是显示三人家的富贵，而是隐喻客人的尊贵。因为，金银器皿只有汗王、王爷、诺颜这样高贵的人才配使用。之所以必须敬三杯，牧区群众是这样说的：客人怎么过来的？客人是带着一颗真诚的心、两只快乐的脚进来的。意为有一颗心两只脚，才有一个健全的体魄。三杯代表着主人的祝福：健康、真诚、快乐。三杯要在三人的歌声中依次喝完——歌不停酒不完。歌停酒干！其中的第一杯茶可以沺一下，如果是奶酒要喝干。如今，人们的健康理念已发生变化，客人不能喝也不勉强，意思表达到即可。

尝酒习俗

参加过土尔扈特人酒宴的人都有一个疑问，为什么在敬酒时，有的客人接过酒沺一下后，会捧给座中长者或尊者再沺一下呢？这是客人回敬的一种礼仪。一般是回敬座中长者或地位比自己高的，表示尊者在先。讲究的长者在接过酒时，会为客人说一段祝愿也吉祥安康的祝词，然后嘴象征性地触一下

洁白的哈达象征吉祥。孟根姑娘将哈达及美酒敬献给参加蒙古长调比赛回来的巴音布鲁克婶婶。

杯沿再递还回去。

关于尝酒,最早起源于一个很经典的民间故事,并且最初的意思并不是尊敬对方,而是因为不信任。古时候,有一只巨大凤凰飞到京城上空盘旋不走,两个翅膀像天伞一样挡住了太阳的光芒,整个京城漆黑一片。皇上下令在全国寻找有能力降伏凤凰的人。人们在西部的土尔扈特部发现一个叫也布干莫日根的神箭手,就诏他到京城。也布干莫日根艺高胆大,智慧过人,降伏了凤凰,京城恢复了光明。但皇上不愿兑现承诺。他发现也布干莫日根太有本事了,放回去后对他将是个威胁。于是,表面上奖赏又款待,暗地却指使人在酒中放了慢性毒药。也布干莫日根领了奖赏,喝了庆功宴。往回走时,毒性发作,死在博格达峰下。人们为吸取教训,防止被人暗算,在饮酒时,便有了敬来的酒回敬对方尝一尝的习惯。

这只是一种传说。随着生活的改变,这种习俗虽然至今还保留着,但意义已经完全改变。酒桌上回敬酒,是表示对尊贵客人或者长辈的尊重,成为土尔扈特人的一种礼节。

献 歌

唱歌、敬酒、献哈达是三位一体的,歌起、酒满、哈达献。虽然同属卫拉特蒙古,同在新疆居住,但在献歌的程序上,巴音郭楞蒙古自治州的土尔扈特部明显区别于其他地方。我们在走访中也深有体会。巴音郭楞蒙古自治州的土尔扈特人在献歌时,一般要在歌唱到第一段将结束时,敬上酒,献上哈达,在歌将唱完时酒喝干,歌完酒干。不可以在歌未唱完喝干。那样,献歌者会给你再斟满酒继续唱。同时,在桌上只要给一个人献歌,就要给在座的每个客人都献一首,表示人人平等相待,都是值得尊敬的贵客。

献歌时,一律以年龄大小排列,或者先唱给客人中年龄大的,再唱给职务比较高的人。土尔扈特人献歌针对性极强——是什么人,就献什么歌。要是敬的歌不合适,人们就说:"蒙古可缺物,不可缺歌","为什么找不到一首好歌"等。所以,对每个不同身份、辈分、职务的人,分别要唱不同的歌。

献 哈 达

献哈达是蒙古族牧民迎送客人和日常交往中使用的礼节。土尔扈特人也

用最干净的无名指敬洒天地。

不例外。

　　哈达是藏语音译。常在迎送、馈赠、敬神、拜年以及喜庆时使用,以表示敬意、祝福和祝贺。这种礼节由来已久。据《马可·波罗游记》所写,土尔扈特人"过年过节时都相互用金银、玉石做的礼品同白色绸布一起捧献"。

　　哈达有布质的,也有绸或帛质的。颜色多是白色,也有黄色、浅蓝色的。长短不等,一般在一米二十到一米五十之间,两端有拔丝,约有半寸许。也有长到三尺的,用于献佛。

　　献哈达时,将哈达对折,折口向着宾客。张开双手捧着哈达,腰略躬,吟唱吉祥赞歌,渲染敬重的气氛。客人微向前躬身,献哈达者将哈达挂于客人颈上。宾客双手合掌于胸前,向献哈达者表示谢意。

　　不同颜色的哈达寓意和用途也不同。

　　白色的哈达象征着白云,是吉祥、平安的象征。多用于敬献客人和祭拜敖包、走亲访友。

　　蓝色的哈达象征着蓝天,象征幸福、安宁。一般是用提亲或者敬献长辈。老人们说,过去提亲的蓝哈达是代代相传的。男方提亲送来的蓝哈达,女方父母都会悉心收藏,待自己儿子提亲时,再送到另一个女方家,以此代代相传。我们曾搜集到的一条蓝色哈达是丝质的! 不知它走过多少人家,成全了多少姻缘!

　　黄色的哈达象征着黄土地。它是平安、稳定的象征,是用于佛事活动中献给活佛、喇嘛等僧人的。

用无名指祭天地

　　蒙古人敬酒时,客人有时会先用无名指沾酒祭洒天地和祝福自己。不懂此礼节的人,如果随便伸出一个指头祭洒天地,会被人耻笑。为什么一定要用无名指呢?

　　不知其他地区蒙古人是怎么解释的? 巴音郭楞蒙古自治州和静地区土尔扈特蒙古人说:大拇指是用来夸赞别人的,伸出食指是指责人的,伸出中指是污辱人的,伸出小指是蔑视人的! 每个指头都有问题,只有无名指干干净净。人是依靠天地活着的,所以要把最干净纯洁的东西敬献给天地。

生活习俗·敬酒趣俗

饮食习俗

土尔扈特人的饮食大致分为三类，即粮食、
奶食、肉食。在农区，饮食内容与汉族几乎一样；
半农半牧区，除粮食以外，还辅以奶食和肉食；牧区，主要
以奶食和肉食为主。即使在物质生活极大丰富，交通十分
便利的今天，习惯于传统生活的巴音布鲁克区牧民们依
然喜爱食用奶制品与肉类，夏季吃些野韭菜和蘑菇等。

奶　　食

　　土尔扈特人自古以来是以游牧为生，主要生
活来源是畜产品。其中的奶制品是土尔扈特人饮
食中不可缺少的食品。奶制品是以牛、马、羊、骆驼
等五畜的奶炼制成的。有奶酪、奶皮、酸奶、奶乳、

勤劳的土尔扈特妇女正
在制作奶疙瘩。

木盘中盛放的是甜奶疙瘩，圆形木碗中盛放的是纸碎的咸奶疙瘩，旁边是金黄的酥油。

酥油、奶豆腐、奶酒等，每种奶制品都有不同的做法、不同的味道和丰富的营养价值。

蒙语称其"查干以德根"，是纯洁、吉祥的意思。奶，不仅是土尔扈特人生活中的一道主要饮品，而且也成为主食的一部分，因而又分食品和饮料两大类，这是牧民们千百年来对生活的一种创造和总结。现分别将奶食制作大概介绍如下：

奶 油　将鲜牛奶放入桶内，搅拌后使其发酵。脂肪浮在上面呈白色，即成为白油。将白油用粗布过滤，然后倒入锅中温火炼，用勺频频搅动，待色泽微黄，即成奶油，一般叫酥油。

奶皮子　将鲜奶子放在锅中，用小火烧，稍滚用勺扬，使奶沫浮在上面。同时点上生奶，即成皮一层，用筷子挑起，放在通风处阴干就是奶皮子。或者直接挑进碗里，可以放在奶茶里喝，也可以抹在烤饼上吃。

奶豆腐　奶豆腐有的微酸，有的微甜，是牧民冬春季的好食品。是酿制奶酒后，在酒桶和锅

女人们正在将酿制奶酒剩下的奶糟进行滤干，为做奶疙瘩做准备。

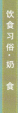

边沉淀的一层白浆。味道酸甜，可以直接吃。

奶疙瘩　分甜奶疙瘩和酸奶疙瘩两种。甜奶疙瘩是羊奶和牛奶中放入做奶疙瘩曲子和糖，温火烧二三小时后，变成黄色的糊状，晾干后便是甜奶疙瘩。酸奶疙瘩是将制酥油或烧奶酒所剩奶液发酵、沉淀，把沉淀下的奶糟装入布袋压榨，捏成各种形状，晾干后即成。还有一种奶疙瘩，是在酸奶中倒入直接挤下的牛奶，装进支袋内封好口，平放在木板上，用石头压放。等水挤干后便成奶酪，它可供走远路的人当干粮。

奶果子　以白面和鲜奶、糖混起来，做成饼或其他形状，油炸即成。

在所有奶制品中，酥油、奶皮子为牛奶中的精华,具有独特的纯香味,营养丰富,最为贵重。用其蘸馍或者加点奶茶、炒米,是招待贵宾的佳品。奶豆腐、奶酪是奶制品中最多最普通的食品。

土尔扈特人制作奶食品历史悠久,别具一格,制作精细,颇有名声。清代曾有一些牧民为皇室制作奶食品。

奶饮品

奶 茶 又叫蒙古茶,是土尔扈特人最喜好饮的饮料,一日三餐离不了。做法一般是先将砖茶捣碎,装入一个小纱布袋内放入开水锅中熬煮一会,然后加入新鲜的牛奶。烧沸后,用勺频频搅扬,使茶、奶充分交融,即为奶茶。用时通常加少许盐。

酸 奶 是用羊、牛、骆驼、牦牛的鲜奶发酵制成。酸奶有两种,一种是用小麦和大米发芽,磨成面西干后倒入鲜奶中,保持一定温度,发酵为酸奶。另一种是把鲜奶烧开后,凉到不热手为准,倒入几碗用以上方法做的酸奶,发酵为酸奶。土尔扈特人喜欢用兰奶做原料,其他游牧民族多用马奶做原料。

奶 酒 又叫蒙古酒。首先,将新鲜的牛奶进行发酵后,放入锅中用小火熬煮,蒸馏后即酿成透明醇香的奶酒。这是蒙古人在长期的游牧生活中做酒的一种传统酿造术。奶酒有两种做法,一是木管酿制,另一种是木桶酿制。一般情况下,用木管酿的酒比木桶酿的酒浓烈。据《马可·波罗游记》记载,忽必烈在皇宫宴会上,曾把马奶酒盛在珍贵的金碗里,犒赏有功之臣。这种饮料酒精度不高,有驱寒、活血、舒筋、补肾、消食、健胃等效用。

马奶子 马奶子虽营养丰富,但人不能直接饮用,需要进行发酵后才能饮用。马奶子不仅营养价值高,而且具有清肺、润肺、软化血管等药用价值。

包 次 它是土尔扈特人喜爱的一种特殊饮品,相当于南方人的米酒。在山里第一次见到盛放包次饮料的坛子时,我还误以为牧民也像我们一样——冬天泡酸白菜吃呢!当那家主人将坛子的用途和制作包次的全过程告诉我时,我才觉得自己的想当然是多么可笑。首先,盛放包次的器皿不叫坛子,土尔扈特人叫它布库其。其次,做包次有两种,一种用奶做,另一种是用粮食做。粮食做比较复杂,一般是在过年前后才做。主要用小麦、大米、玉米、小米等放进自制的木桶中捣碎,扬去麸皮,兑入适量温开水煮成稀饭,倒入布库其里,凉晾加入酵母,封盖放在暖处,一两天后即发酵好,用纱布过滤去渣即可饮用。酸甜可口,是养胃的佳品。

肉　　食

　　羊　肉　是土尔扈特人最普通，也是最喜爱的食品。羊肉的吃法不下几十种,常见的有手抓肉、羊背子、全羊等。手抓肉的做法是:将全羊切成若干块,白

晾晒在蒙古包内的肉干。

牧人宰羊。

水下锅,不加任何佐料,煮沸片刻后就起锅。肉香味美,鲜嫩异常。土尔扈特人的肉食文化中,还有一种十分独特的吃法:前一天吃剩的肉,第二天是不热了再吃的,而是用茶泡凉肉吃,吃起来别有一番风味!

牛 肉 一般也是煮手抓肉,也有烤着吃的。其他如鹿、兔、野羊等,都是土尔扈特人喜爱的肉食。

风干肉 是牧民储备食物的一种方法。每年秋季来临时,牧区有冬宰的习惯。牧民们将不能越冬的牲畜和准备淘汰的牲畜,经过育肥后宰杀,一部分埋进雪堆中储藏,另一部分割成长条,抹上盐,晾晒在专门搭设的支架上或者蒙古包顶上,风干、储存起来。吃时在锅中煮一到两小时,捞出即食。肉有韧性,耐咀嚼,口味独特,是牧民转场或走远路时很好的干粮。牧民为了打猎和长途转场方便,还沿用了成吉思汗时代的一种制肉干沫的方法:将肉冻干,碾碎装入皮袋子中。饿时抓一大把就能泡一大碗,顶饿又便于携带。

马 肉 土尔扈特人一般不吃马肉。但在高寒牧区的冬季,也有宰马食肉的。鸡、猪,牧区一般不养,多在农区或半农半牧区饲养和食用。

虽然人们的生活水平提高了,餐桌上食物极为丰盛,但在牧区,人们仍习惯于以奶食肉食为主。

饭　食

精擀细切，用浓香的肉汤
煮出的喷香诱人的蒙古面条。

土尔扈特人的主食主要是面条、米饭、那仁、饺子、包子、烤厚饼、油饼等。

面食有手擀面、揪面、拉面、炒面。揪面、拉面、炒面这三种面食是新疆人共同喜爱的饮食。受其影响，土尔扈特人也十分喜爱。而蒙古手面擀与其他民族手擀面有所不同。面擀得硬、细不说，还要用羊肉汤下面。面熟后切一些熟羊肉丁洒在上面，放点盐，不放其他任何佐料，吃的是原汁原味的清香。

那仁，原是哈萨克族的传统面饭。因为草原上的蒙古人与哈萨克人长期生活在一起，生活饮食自然互相影响。做法是，先将连骨肉煮熟捞出，切碎放在大盘中，然后把擀面切成10公分宽的皮带面，也有用拉面做的，煮熟捞出来，盖在已切成块的肉上，洒上洋葱、蒜、香菜末，拌着吃，别有一番风味。

受汉族及维吾尔族饮食影响，米饭已成为城市土尔扈特人主食，牧区牧民也十分喜爱。吃法大致相同，有白米饭、抓饭等。而新疆人普遍喜爱的拉面、拌面、汤面片也已成为土尔扈特人餐桌上的主食。这也是地域文化融合发展的一种必然现象。

库次饭　这是现在很少有人吃到的一种饭食。它是土尔扈特人过去的一种特色饭食。一般用玉米做，有时也用小麦做。把一两碗玉米倒入特制木桶里，拌些盐水，用与木桶配套的木棍捣出玉米皮后，风吹晒干，再用牛羊头或带骨肉一起煮2~3小时即成。这种饭味道好，可惜现在很少有人做，年轻人甚至从没吃过。

制作库米西大饼的土泥灶。

土尔扈特谚语　取笑别人，不如检点自己。

蒙古馅饼　是一种风味面食，听说距今已有三百多年的历史。最早是以荞麦面制皮，牛羊肉为馅，采用干烙水烹的方法制成。明末清初，馅饼面食从民间传入王府。由干烙水烹改为用豆油、奶油煎制，并用小麦面做皮，成了王府中经常食用的佳品。牧区的人们喜欢用奶疙瘩、蜂蜜、牛羊肉，加上新鲜的野菜，配以佐料做成馅，加面皮卷成馅饼，烤制而成，香甜可口。它以面稀、皮薄、馅细为特点，烙制后形如铜锣，外黄里嫩，饼面上油珠闪亮，透过饼皮可见里面肉似玛瑙，菜如翡翠，红绿相间，煞是好看。用筷子破开饼皮，热气升腾，香味扑鼻，引发人强烈的食欲。

蒙古烤饼　是土尔扈特人家中常做的食品，也是

又香又软的库米西大饼—— 一个可以管全家人吃饱。

必备食物。从制作工具与饼形状区分,又分为哈布特海包尔次克和库米西包尔次克两种。两种饼制作的工艺是一样的,哈布特海包尔次克是指用铁锅烤制的3~5公分厚的发面饼, 饼的形状呈锅状,中间有深窝。包尔次克是馍馍的意思。库米西是烤制用的圆铁皮盒子状的锅。烤出的形状是平的,做法很简单,但吃起来香美可口。在草原上,曾不止一次品尝和观看过它的制作过程,每次都是一种从内到外的享受。不仅饱了口福,还体会到了原生态生活的自然简洁。在巴音布鲁克草原红旗二队的好德尔家居住时,曾将好德尔妈妈做包尔次克库米西的过程全拍了下来。做法是先用牛奶、酥油或奶皮、少许盐和面发酵后,揉好,用手压成厚10公分左右的圆饼。提前把牛粪烧透,将生面饼放到一个特制的圆铁皮盒内盖好,埋进烧透的牛粪火堆中。10来分钟后,一个两面金黄、足有20公分厚的大饼便出现在我们面前。外脆内软，冒着麦面的清香。趁热蘸上酥油吃，真是满口留香。这样的饼好吃还耐饿、耐储存，所以草原上的蒙古人家几乎家家都做。蒙古馅饼和蒙古烤饼是最具土尔扈特民族特色的食品。

萨克赛 这是土尔扈特人十分喜欢吃的一种米肉饭，又叫肉干子饭。是将肉干先煮一会，然后将洗好的大米或者小米，放进来一块煮。水量比蒸米饭的多，比烧稀饭的略少。煮到八成熟，略闷一下即好。饭稍黏，肉干软中带韧，很有嚼劲，非常好吃。

布日开力 蒙语意为锅盖、盖子。这是一种有菜有面的特殊食物。是将碎肉、黄萝卜或者恰玛菇（一种近似土豆的蔬菜）放锅中煸炒、调味后，放适量的水，然后将提前发酵好的面擀成一张大饼盖在菜上，中火蒸煮15~20分钟即可。发面饼不仅松软可口，而且饱吸了锅底下的菜汁后，味道鲜美。饭菜一锅出，方便又美味，这是民间的智慧。

除此之外，油饼、油果也是土尔扈特人喜爱的食品之一。油饼是用发酵好的面擀成小饼，上面开几个小口，用清油、动物油炸制而成。但家中有人去世时，炸油饼是不开口的。过年和祭祀活动中，还把面做成马、鹿、羊、骆驼、松树等样子炸制，摆在5个油饼上面，敬献佛祖，祈求一年风调雨顺、六畜兴旺。

油果子是把面擀成指头大小不同形状的小块，放入油中炸制而成，配以奶茶味道很不错。多作为早点或待客小食品。

土尔扈特蒙古族的饮食习俗发源于游牧生活，与自然、与历史、与生产生活有紧密的关系，而且饮食种类远比我们搜集得要丰富得多。只是有一些失传，有一些流于民间未被挖掘出来。好在近些年政府十分重视非物质文化的抢救挖掘，新疆和静地区根据传统土尔扈特饮食文化，挖掘出东归热血、相思肠、王府奶茶等数十种东归菜品，在继承传统的基础上，又进行了探索和发扬，深受四方游客的称赞。

过年时，土尔扈特人用来敬奉佛祖与上苍的油饼。五个油饼上端摆上形似马、牛、兰样子的饼，祈求上苍保佑六畜兴旺。

美的曲线，牧人称其为骆驼脖子。

婚

俗

土尔扈特蒙古族的婚俗是一部体现土尔扈特社会、经济、文化、音乐、风俗、饮食等方面的活档案。如果有机会见证一次这个民族婚俗始末，将是人生的一大幸事！只可惜这样的机会太少。要了解全过程要经历至少三年以上的时间。

　　由于新疆地域广阔，土尔扈特蒙古族群众分居在天山南北的5个不同地方。200多年来，各部落或多或少都受到当地民族文化的影响，在婚俗上虽然大体相似，但又具有各自的特点。这里介绍的是巴音郭楞蒙古自治州和静县的土尔扈特人婚俗。

　　土尔扈特婚俗从提亲定亲到娶亲婚礼，前后持续两到三年，还有三到五年或更长的，期间要经过11道程序才可以把新娘娶进家——可谓漫长、宏大，趣味无穷。

　　土尔扈特蒙古族是一夫一妻制，自古实行氏族外婚制，严禁氏族内部通婚，更不允许娶本部落姑娘，女子不得嫁给比她大13岁以上的男人。婚姻由父母做主。父母把子女的婚姻看作是"一生中只遇见一次"的大事，十分慎重和讲究。

提　亲

　　提亲有两个程序：第一步叫定意向。土尔扈特人婚姻是父母之命，媒妁之言。以前有娃娃亲，双方父母确定娃娃亲后，就当普通的亲戚走动。到了孩子婚嫁年龄再正式提亲，这种婚俗，1949年后逐渐消失。在儿子长到17、18岁成年时，父母开始给他物色人选。土尔扈特人认为有好母必有好女，有其父必

提亲之前用于试探的两枚信物。左为铜钱，右为肉蔻。

有其子。所以，结亲不但要了解姑娘，还要了解其父母的做人行事。当得知某家的家教良好，女孩品貌端正，聪慧贤良，是理想的人选后，由男方父亲带一枚铜钱和一粒则提（即中药肉蔻）亲自拜见女方父母。如果女方父母接受了这两样东西，就表示对这门亲事基本同意。不收就表示不同意。被拒绝的男方仍然可作为近邻好友来往。这便是提亲，也叫定意向；第二步是问名。就是汉族旧式婚姻中的批八字。先问清女孩的生辰八字。土尔扈特人信仰吉凶。要找懂星相术的喇嘛占卜男女命相是否相合或相克，或去寺庙请喇嘛念经来确定。如果属相相合，就托一媒婆去说亲。此间有一至两年的时间等待回音。媒人会时不时地以看看牲畜好不好为由，去女方打探消息，直至得到准信。

定　　亲

土尔扈特人称之胶哈达，也叫送哈达绢绫。现在人都叫通俗意义上的订婚。在间隔一到两年时间后，男方家准备好必要的物品，去跟女方家正式提出亲事。一般是男方的父亲选个吉日，带领3~5个能言善辩的男人去。如果父亲过世了，可以由叔叔、舅舅等长辈出面。提亲时女人不去。土尔扈特

正式提亲时的物品——具有丰富含义的蓝色哈达、子弹、树胶、五谷等。

人认为婚姻是一辈子的大事,必须由当家人出面,不需要女人抛头露面来处理。

定亲的物品很有讲究,必须有哈达,还要用白布包上糖果、干果(葡萄干、红枣、桃子、杏子、麦子等不少于5种以上),珠宝玛瑙、银元、茶叶、打火石、羊髀石、子弹、树胶、皮条、一小碗大米或小米,全包在一起。还要带一个羊胸叉、3瓶酒(过去用皮酒壶)、5个油饼。这些东西拿到女方家后,女方家的成员会一人拿一样来打问它的作用。这时,男方提亲队伍中能言善辩的人就会站出来一一作答。这些东西都代表着不同的含意:

珠宝玛瑙:表示你家的女儿就像珠宝玛瑙一样,是世上难有的宝贝。当女方亲属发问:拿这珠宝玛瑙来做什么?男方回答:找不到的珠宝在你家,好钢打的斧头在我家;牵骆驼的人儿在你家,干重活的小伙在我家。

茶:代表礼貌、敬意。当女方问拿茶来做什么时,男方会唱道:茶虽是稀水,却是食物的德吉。纸虽说很薄,却是书本的开始。期望将来的人做有礼

提亲必不可少的一样东西——羊的胸叉骨。在水里煮一个开锅捞出,上放5个油饼及糖果,一并送至女方。

貌、有知识的文明人。

5种干果：彼此感情越来越好，儿孙满堂。当问到5种干果是做什么的时候，歌中唱道：像檀香树那样挺拔，像海水那样不断翻滚，像有种子的果实那样越种越多，愿子孙们兴旺发达。

白银：缘分像白银一样永远值钱，永不变质。

打火石：暗喻我们的亲事像石头一样坚实、火焰一样蓬勃，延绵不断。

羊髀石：羊的踝骨。土尔扈特及游牧民族的孩子们都喜欢玩的一种骨头，它有正反两面。所以，土尔扈特人说："我家送来碑石怎么扔都是正的，我们的亲事怎么变化都是向着好的方向变的。"

树胶：代表我们的关系像胶一样粘在一起，牢固紧密，永不分离。

糖：两个孩子的日子将像糖一样甜甜蜜蜜。

子弹：送来了子弹就送来了安全。嫁给我家，儿子会给你的女儿带来幸福和安全。

皮条：柔忍不断，能屈能伸，表示我们的亲事怎么拉扯也不断。

米：代表多子和繁荣。

男方在问候过女方父母、喝过茶后，将带来的酒、油饼敬在佛像前，然后给女方父母敬酒说："愿双方成为拉不断、拧不弯的亲家。"女方的父母如同意就将酒喝下，并收下提亲的白布包。如不同意，则婉言谢绝，不喝他们敬的酒，并要求他们将提亲物品带回去。有意思的是，在土尔扈特人婚俗的各个程序中，都用民歌对答。彼此要表达的心意、确定的事项、对这门亲事的意见等，都用歌传递，而且是用长调歌——一切情绪都在悠长的歌声中体现。

当女方接受了定亲哈达和一切物品后，两家的亲事就算正式确定下来。接下来便是商讨有关婚事中的其他事宜。

鲜花朵朵，暗含期盼。

送 大 礼

送大礼的目的是商讨彩礼及下一步完婚的问题，是彩礼未确定之前双方亲家的一次会晤。这个时间一般确定在定亲后的1~3年。因为经过两三年的时间，孩子们也逐渐成熟，父母为孩子们的婚事已做了必要准备。男方家认为到了可以谈论婚事的时候了，于是，准备一只全羊、一壶酒、一两条哈达，邀请5~7个人到女方家。一般是二女三男，均是年龄较大、在家族中有一定地位、有表达能力的中年人。比较富裕的家庭带全羊、好酒、丝缎哈达和一些精装礼品、食物去。普通人家根据自己的承受能力，带一只羊，一壶酒和一般的哈达，如果没有哈达，可带几条毛巾、白布和果品等礼物。这个仪式是送彩礼的前奏。在这个仪式上，最关键的事情是确定彩礼的数目、要求，以及下一个环节需要商讨的细节问题。

巴音布鲁克草原上的山花，牧民称它"铃铛花"。

婚 俗 · 送 大 礼

土尔扈特谚语

饭食易得，生命难求。

走 亲 家

　　土尔扈特婚俗到了这个阶段，便进入繁忙时期。过了送大礼，双方亲家开始频频会晤，商谈以后儿女的婚礼事项。同时，准备彩礼是个漫长的过程。这个过程中，男方的父母根据自己的生活条件，每年四季带上礼物去拜见问候亲家。这主要是在大年（新年）初三（初三~初五）带上一只全羊、五瓶酒去拜见。这称之为新年会拜。在春末或夏初的羊产羔、草返青出芽时期，还要带上这时的产品——一木桶酸奶、一壶酒、一罐酥油去会拜，这称之为送青草的养分。还有就是安康地过冬越春的问候会拜。牲畜长膘的金秋时节，也得带上礼物会拜。就这样，每次会拜时都要献上美好的有韵律的祝愿词。

走亲的队伍。

送 彩 礼

　　土尔扈特婚俗中，送彩礼是一件大事。事实上，男方父母从孩子提亲开始，就已经开始了彩礼的准备工作。彩礼的多少，一是要看女方的要求，二是要看男方的家境。关于送彩礼，在《卫拉特法典》中对不同等级的家族彩礼及嫁妆曾有明确规定："大王公与塔布囊之间的婚约为贵重物品30件、马150匹、羊400只。小王公与塔布囊之间的婚约为贵重物品15件、马50匹、羊100只，嫁妆依聘礼而定。德木齐（四十户长）之女，驼5峰、大角兽（牛）25头、羊40只，成衣10件，衣料20件，鞍子、笼头、外套及无袖衣各1件，马2匹；收楞格、内侍官之女，驼4峰、牛25头、羊30只，成衣5件，衣料15件，驼1峰，马1匹；中等人之间牲畜的数量为驼3峰、牛15头、羊20只，嫁妆为4件带领长袍、10件衣料、驼马各1头，女婿需赠嫁妆相当的礼物。下层人之间的聘礼为驼2峰、牛10头、羊15只，嫁妆为驼马各1头，外套、无袖短衣、鞍子、笼头各1件"（《卫拉特蒙古史纲》新疆人民出版社2006年版第681页）。由于彩礼以及其他开支很大，经常出现男子娶不上妻子的现象。所以，《卫拉特法典》第四十条明确规定："40户每年必须有4户结婚，每10户必须给予结婚者以财物援助。否则，要罚骆驼2峰、马5匹、羊10只"（《卫拉特法典》，内蒙古人民出版社1985年版第78页）。

　　因此，这是一个双方家庭都要做准备的漫长过程。男方为彩礼忙碌的同时，女方也要为相应的嫁妆做准备。每家都视情况而定。极贫寒的人家娶媳妇，部落或村里的领导会出面协调，要求大家共同出手援助，帮助这家准备彩礼和娶亲，这种风俗至今依然存在。

　　一般人家送彩礼，大多给女方姑娘做四季服饰的衣料、做被褥的面里，还

大包小包的彩礼，要在结婚的前一天送到女方家。

绿叶满天，生机无限啊！

有马匹、牲畜等。送彩礼的日子也是先选吉日，然后带上一只全羊、几瓶酒去女方家禀报。沟通好，再送过去。

届时，女方家亲戚朋友、四邻八舍都来参加。亲朋好友们还将彩礼中的衣料、被褥布料等，各自分一些带回去，赶在婚礼前为姑娘缝制好送过来。

送彩礼的前一天晚上，男方家把主要的亲戚都请来。亲戚们来时要带上布料、羊、酒等贺礼。回去时，男方家要回赠答谢的礼物。同时派5个男人，将宰好的牛羊肉的大部分提前送到女方家，以备第二天送彩礼及宾客们食用。

第二天，男方组织15~19个人的送彩礼队伍，由一个懂礼数、经验丰富的女子带队，将彩礼驮在骆驼上。男方要宰2匹马、3只羊、带足够多的酒和食物等礼品。彩礼送到后，领队的妇女要将彩礼按顺序全部排在哈达上，让姑娘家的嫂嫂姐姐们一一过目验收。这时，女方家的亲友们会故意叫嚷少了这、少了那的，这个不合适，那个拿少了——其实就是要逗对方慌张，看看他们窘迫的样子，好让大家开心。还有更开心的一种风俗，就是女方家会在地中央放一口大锅，然后一个人上前，用酥油在锅上抹个记号。男方要将带来的奶酒往锅里倒，一直倒到酥油的记号上。这时的男方是忙不迭地倒，一边安排人快快回去取，生怕酒倒不够出丑，场面非常有意思。开心、热闹是土尔扈特婚俗中的主题，整个过程中自然少不了祝词和唱歌。收彩礼后，待出嫁的姑娘就开始留额前刘海。因为，做新娘那天要分辫子、梳传统发式，所以要做相应的准备。

成群的牛羊做聘礼。

土尔扈特谚语

无信仰则无佛祖，无疑心则无疾病。

定 日 子

这样鲜美无比的花朵摆放在面前，人们肯定可以选定一个结婚的好日子。

　　蒙古人选日子的礼仪是从远古至今传下来的习俗。16世纪，从黄教在蒙古广泛传播时起，蒙古人就信奉喇嘛们的占卜，儿女们婚配、远行的黄道吉日、举行婚庆的吉祥日子、出门的方向、出嫁女孩要骑什么颜色的马、伴娘要什么属相等，都要占卜。这种习惯至今仍在土尔扈特人居住的地区流传。

　　按照这一传统，婚礼日期得请喇嘛选定。喇嘛根据两个孩子的生辰日月，确定举行婚礼的良辰吉日和迎亲者到达的时辰。土尔扈特人忌讳在阴历9月办婚事，因为是火月。这个月要拿羊祭火神。祭火神期间，家中一切东西不借人。另外，女孩在18岁这一年是不能出嫁的，而17或者19岁都可以，认为吉祥。择好日子后，带上几只羊，几壶酒到女方家禀报喇嘛的占卜。告知选定了某月某日后便返回。此后，双方给亲朋好友下请柬。如果男方家住在河流下游的话，就必须搬到河流上游。忌讳顺着水流将女儿嫁出去。

建 新 房

送完彩礼和定好日子后，便进入紧张的婚礼筹备阶段。首先，要给未来的新人制作新蒙古包。巴音郭楞的和静县的土尔扈特人则举行祝颂蒙古包奠基、毡房用品的仪式。

盖蒙古包，是男孩在娶亲前，由男方筹集新毡、木材、毛绳等。这对于游牧的蒙古人来说，是不可缺少的物品。蒙古包的骨架在一两年前就开始动工，请专门的木匠制作。在安装蒙古包的门和天窗时，还要宰全羊招待木工。制作蒙古包时，亲戚朋友和周围的邻居们都要主动去帮忙，每家都要带一点制作包所需要的材料，如毛绳、毛毡、围绳等，但是，36根围绳则由媳妇的母亲亲自做好并送来。

要建新房子，我们满怀幸福的期待呀！

上毡时，得知消息的人们都来帮忙——一边绑绳，一边喝酒助兴。太阳升起的时候，观察新房的地基。蒙古包骨架先由男方的家长或者善说祝词的人支起来，在蒙古包的窗上绑上哈达或者白毛巾，然后一边祝词一边支包。祝词包括《蒙古包顶圈祝词》、《蒙古包门祝词》、《毡墙祝词》、《支杆祝词》等。祝词

准备新房是一件大事。它预示着草原上又诞生了一个新家。

人首先从蒙古包的地基开始唱，然后是祝贺门，再祝毡墙。把毡子从上到下祝颂完后，女人们开始绑绳子。绳子绑好后，要将新房子从头到尾赞美一番。赞完了蒙古包，还要对包内的陈设进行祝词。此时，祝词就不需要祝词司仪专门说了，男方或女方中会说祝词的人们都要祝颂。人们一边洒酒，一边在天窗绑上白色的哈达——崭新的一顶新房，在众人的声声祝福中落成。整个蒙古包制作中，一切都由男方操办。但天窗上的盖布必须要由女方的母亲亲手制作，并要亲手将它盖上去。一则是让母亲来验收女儿将要住进的新家是否舒适，二是母亲要亲手为女儿立新家。天窗搭上盖，意味着一个新家诞生了。做完这些，母亲也要为孩子送上祝词。男方也要向女方父母再次祝福。

随着时代的发展，现在除极少数牧民还用蒙古包准备新房外，农牧区一般都给孩子建固定的砖混新房。城市的土尔扈特人也买楼房，只是一些室内陈设与汉族略有区别——习俗上依然承袭着土尔扈特自己的东西。比如送亲、接亲人数、送彩礼数都以单数为主，不能是偶数等。

送 礼 单

　　许愿仪式是土尔扈特部特有的。姑娘在出嫁的头一天晚上，父母要为姑娘举行出嫁饯行的宴会，俗称姑娘宴。女方的亲戚们都来送别姑娘。从天亮到黄昏，人们守在一起，把酒唱歌。内容都是祝福、嘱咐姑娘的。

　　结婚前几天，娘家近亲们要请姑娘到家里去吃饭，还要送礼物给新娘。大多是送衣服、衣料或首饰等。

　　婚礼前一天晚上，姑娘的父母要为即将出嫁的女儿举行宴会，家里的亲戚和姑娘的女朋友们都要来参加。姑娘们唱着《姑娘宴歌》，用歌祝福将要出嫁的姑娘，倾吐离别之情。姑娘的母亲向众人展示新娘的嫁妆。蒙古族很重视姑娘的嫁妆。嫁妆一般是首饰、服装，也有牲畜。随着时代的变迁，现在，家用电器代替了牲畜。

　　以上所有的程序结束之后，就是人们盼望已久的婚礼。

　　从男方家来两个人，把第二天婚礼上用的坐骑、帮手、从家里带出礼物的时间、带走新娘的方向、婚礼的主持人，以及带几头牛、几只羊肉、几壶酒等婚礼所用的事项，都向女方说清楚，以得到女方的同意。这叫送礼单。

　　送礼单的人要等太阳出来出发，黄昏时到女方家。说明诸多事宜，并送

结婚的头一天，新娘的
闺中密友前来相聚话别。

上礼单。把新娘上马的时间、接新娘的人数、要骑
的马的颜色和人们的年龄、牛羊肉多少、酒的数
量等全部汇报清楚。汇报过程中，有很多有趣的
一问一答式对唱和祝福。

赠腰带与藏马镫

藏马镫是土尔扈特婚俗中最热闹的一个环节。

婚礼举行前一天，女方的父亲带领7~9名男人去男方家祭灶。祭灶的主要目的是父亲去看看有什么不合适，锅灶置办得齐不齐等，然后邀请新女婿来家喝茶。当天晚上（太阳落山后），女婿带着5~7人（2女5男）前去女方家喝茶。新女婿来到岳丈家，女方父母要请新女婿喝酒、喝茶，送一套新衣服，送一条能在腰间围三圈的腰带，并给他系在

草原的姑娘，就像草原的花一样朴实、美丽。

腰上。意思是成家立业了，要学会勒紧腰带过日子，不能像当小伙子时那样无拘无束了。然后与女方家的亲戚朋友共同进餐喝酒，欢聚一堂。等新女婿与大家尽兴准备回去时，发现自己的马镫和马鞭子不见了！其实这是女方家年轻人早早给藏了起来。于是，新女婿以"丢失马匹"为名，拿了酒和奶食与其他人再次回到房中说名言、对歌，与女方家宾客机智对答、周旋，直至歌尽兴，酒意浓，女方才交出马镫、马鞭，让新女婿回去。

迎娶的队伍浩浩荡荡,喜气洋洋。你追我赶,快乐无比。

迎　　娶

　　迎娶和送嫁是土尔扈特婚俗中的高潮。迎娶日子也就是婚礼的日子,是由喇嘛选定的黄道吉日。会星相占卜术的喇嘛还要根据男女双方的年龄,推算出新娘出嫁的时辰,需要哪一年出生的姑娘当伴娘,那一年出生的人把新娘背到马背上,什么时辰朝着哪个方向走,骑什么样的马匹等事项。确定好时间、地点、人员后,双方家庭分别下请柬或送口信,请亲戚朋友参加婚礼。

　　迎娶时,新郎不去接新娘,有喇嘛专门指定的伴郎去接。所以,人们开玩笑说:土尔扈特人的婚礼中,人人都忙得不亦乐乎,唯独新郎是最悠闲的人。

　　娶亲的队伍由15~19人组成,在婚礼主持人带

抢新娘的场面，把婚礼
推向另一个高潮。

领下迎接新娘。这时，女方家亲戚和乡亲们已准备
好婚礼事宜，等待着迎亲队伍的到来。

　　迎亲队伍不能直接进女方家。在未到之前，选
派两个人带着酒和食物去送消息。女方家在门前
铺上白色的毡子迎接娶亲的客人。相互问好敬茶、
敬食品。做完仪式后把大家请进屋里。

　　进屋时，男方家的人在房子右面按年龄顺序
入座。这时，没有婚礼主持人的准许是不能随便进
出的。女方的人坐在左面。女方敬完茶、酒，从年长
者开始，给每人敬一首歌，然后献上整羊。献整羊
时也是从年长者开始，但不能把带软骨的肩骨、带
胸骨柄的胸脯、短肋、骨髓放到客人面前。

　　姑娘出门时，父母及亲友们依恋难舍。迎亲的
人们则显得情绪激奋，往往会演出一幕热烈精彩
的"抢亲"喜剧。

　　当迎亲的人们完成一切程序准备接走新娘
时，新娘房中却出现一派难分难舍的情景：姑娘们
解下各自的腰带，一条条连接在一起，一头从新娘

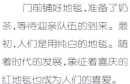

门前铺好地毯，准备了奶茶，等待迎亲队伍的到来。最初，人们是用纯白的地毯。随着时代的发展，象征着喜庆的红地毯也成为人们的喜爱。

的袖口穿进去，绕过后背，从另一个袖口里穿出来。然后，如法炮制，把她们一个个穿在一起，最后拴成一团——妄图用这种办法"留住新娘"。这样一来，接新娘的小伙子们在没有办法的情况下，只好说好话相求。求不动时，就来"武"的。小伙子强行将姑娘们抱在一起的手指掰开，把连在一起的腰带解下来，把新娘从姑娘群中"抢"出来！

从屋里抱出来时，新娘的脚不能沾地，而要直接抱到马上。小伙子驮着新娘，围着娘家的蒙古包，从右向左转三圈。这时，新娘的舅舅或者哥哥用盘子托着5个油饼，上面放上羊肠子和羊肝，

离别时，姑娘们免不了伤心。不舍的泪水怎么擦也擦不完！

对着姑娘喊道："女儿呀，把你脸转过来，再看一看你的娘家人，看一看你熟悉的家吧！"新娘哭泣着，挣扎着，要滚下马鞍，回到生她养她的蒙古包中去——但这仅仅是一种形式而已！

到了男方家后，又是从右到左转三圈后下马。新娘进屋后，给公公婆婆磕头。送亲的人们给男方的父母敬上酒和食品，说祝福的话。一部分人要回去，而陪着新娘的娘家嫂子及伴娘要到第二天才回去。

新娘到了婆家，便坐在新床的帷幕后。挂帷幕也是土尔扈特婚俗中特有的一种。帷幕上绣十二生肖或花鸟图案，非常好看。只可惜用的时间并不多——新娘的母亲来揭去后，就不再用它。未揭之前，新娘不能随便走出来。

就要走了，女儿围着家转了一圈又圈！舅舅手端酥油一遍遍祝福：孩子，一路走好，记得回头看看你曾经的家。

婚俗·磕头礼

磕 头 礼

娶回新娘的第一天早晨，在送亲的嫂子和女伴陪同下，要去给公公婆婆及长辈们磕头。地上铺上毡子，新娘前边要拉上帐幔。陪同的人介绍需要磕头的长者的名字，新娘一一磕头。公婆及长辈给新媳妇礼物或者牛羊，以便给新组成的小家做贴补。媳妇从此以后，将遵循不直接呼公婆的名字、不能随便进出房子、不允许不围头巾或光脚出入的习俗。

磕头仪式结束，新娘仍由娘家送亲的嫂子陪同回新房休息。晚上同洞房，也由娘家嫂子及伴娘陪着。第二天，送亲的人回去后，新郎新娘才合床。

第二天，送亲客人要回去时，男方家做好肉汤面条招待，给送亲的人送上布料或者衣服等礼物，并用银杯斟满酒敬给送亲的人。送亲人走时，新女婿早早带几个年轻人，在送亲人们返回的路上，倒上酒，割好羊胸脯肉后，骑上马就逃。送亲队伍的人们看到立刻开始追赶——要抢走女婿的帽子。如果抢不上，就算是输给了女婿。这也是男女双方的年轻人体现快速敏捷，以及表演男女双方马上骑术优劣的一种娱乐活动。到此，迎亲和送亲的程序圆满结束。

土尔扈特谚语

治病良药成宝·治沙树木成宝。

揭帷幕

新娘接到家后，头3天是坐在帷幕后不露面的。帷幕又是土尔扈特人特有的一道风景，像一个彩色的幔，上绣十二生肖或各种吉祥图案，新娘接回后就端坐在其后，即使行磕头礼，也不拉开帷幕。3天里吃饭洗漱等，都由专门指定的姑娘媳妇送到帷幕里。就连方便也要等到夜深人静时，由女伴带着悄悄出去，不能让人看到。3天后，姑娘的母亲带着娘家亲戚9~11人，来到女婿家举行揭帷幕仪式。

揭帷幕时，男方要请会说祝词的人在揭帷幕时说专门祝词。如果祝词没按规定说好，不符合女方家的心意，女方家就会有人提出异议，不让揭帷幕。

在声声祝福与赞美中，母亲来到女儿帷幕跟前，假装生气地教训女儿："你已做了人家的媳妇，还不快快去做你当媳妇应该做的事，坐在这里干什么？"说着将帷幕拉开。公公用支蒙古包的支杆将新娘的盖头掀开，婆婆将绑上毛巾的勺把交给媳妇。媳妇下地，来到灶前动锅起火，为婆婆公公烧奶茶。拿起新盘、新碗，盛满奶茶和奶酒，从公公、婆婆开始，给在座的客人每人敬一碗。婆婆当着来宾的面，将锅、碗、瓢、盆等家什交给新娘，从此新娘便成了这个家的新的女主人。

揭完幕，土尔扈特婚礼仪式就近了尾声。接下来是女儿回门。但是，土尔扈特人的习俗中，女儿回门的时间不是由人定的，是要等天定。因为对于第一次回娘家，土尔扈特人很期待也很讲究。蒙古人对白颜色十分看重。女儿出嫁后，一定要等到第一场雪下来之后，才能回去！什么时候下雪就什么时候回。他们认为，嫁出去的女儿，泼出去的水！不下雪，女儿出嫁时的脚印就没消失。

接帷幕前，给娘家人敬
献哈达。

等待下了雪，过去的就不复存在，再次回家的则是
一个全新的女儿！父母期望借着吉祥的白雪，女儿
有一个全新的幸福的生活。

至此，土尔扈特婚礼历时3~5年，终于走完它
的全部程序。

追寻了3年，也未能追到一个完整的婚礼过
程。但是，纵观这场浩大而漫长的婚俗，感受有两
点：一是土尔扈特婚俗全过程就像一部音乐歌
剧——每一场都有念白、独唱、对唱，是土尔扈特
人的民歌与风俗的大汇餐；二是透过漫长的婚礼，
看到的是这个民族乐观、豁达，懂得寻找快乐的豪
放自由心态。游牧生活虽然清静自由，但也单调清
苦。平时一家一户都在自己的草场放牧。从春到

每一场婚礼的背后，都有这样一支庞大的畜群做支撑。

秋，追着牲畜不停地转场、搬家、放牧，哪里有时间聚在一起高歌畅饮？无缘无故谁又会召集一群人又唱又笑呢？只有在草长莺飞、牛肥马壮的秋季，借助自己或亲友的婚姻大事为由头，分散在草原深处的牧人们才能真正见面、欢聚。这也是土尔扈特婚俗时间长、程序多的一个原因吧！同时，牧区建立一个新家真的是件大事。牧民所有的生产生活资料就是那点牲畜。要等着它们一年才繁殖一次，把小畜养大换钱，办彩礼、置新家，没有三五年又怎么能行？让我们理解、尊重并欣赏这场浩大浪漫又漫长的婚俗吧！

祝福的鲜花，已经摆放在这里了！

丧

葬

走进土尔扈特人的生活,你会发现,他们对人生、对生死、对物质那种随遇而安、顺应自然的超然心态,真的很让人羡慕,也让人敬佩,特别是他们对待生死的态度与做法,完全是遵循着大自然的生存法则,没有刻意的要求,也没有主观的臆断,唯有面对现实,服从现实。

丧葬种类

在众多民族的葬礼中,土尔扈特人葬礼是最为简单的一种。不设灵床,没有供品,不穿孝服,不大声哭泣,不烧纸钱,不放音乐,不给亲友通讯。无论贫富贵贱,回去的路都是那么安静简洁,无牵无挂。土尔扈特人死后以火葬、天葬、土葬三种为主。

火葬。过去一般是高僧喇嘛圆寂后所采取的一种安葬方式。由于宗教信仰,高僧喇嘛去世时,都是双手合实,保持坐姿。对于这一类人去世,按照坐姿洗浴,全身抹酥油,用黄布裹身。选择高处平坦的地方,将干柴摆成方形,尸体置于柴上。方向选正,倒上酥油,点着柴火。骨灰烧出来后,再按圆寂时的样子塑像。如果是活佛,就要专门为他建塔灵安放骨灰,或者埋到敖包的下面。而普通人火葬,骨灰选个地方撒了或埋掉。

土葬。有两种,一种用棺材下葬,另一种不用棺材。贵族、官员、喇嘛用棺材下葬,棺材为长方形,跟尸体大小一致,全部用胶粘,不能用铁钉等含金属成分的材料。入棺前,棺底放盐,铺白布,男右侧卧,女左侧卧。均白布裹身,挖洞下葬。

普通人土葬时,用白布或白毡裹好,挖洞放进去,上用盖木板掩埋,不能高出地面。

天葬。人去世后,喇嘛根据死者的死亡时间、属相,确定送葬时间、地点、停放时头朝什么方向,然后给死者脱衣擦身,用白布裹好。不穿衣服,意为干

古老的牛车，拉着亲人的尸体一直向前走。家人要选择安静之地安放，使其在自然中幻化归去。

干干净净来，还要干干净净走。除了身体，什么也不带走。把逝去的人送到指定地方，在底下辅白毡或白布，用石头作枕头，为逝者壮胆。如在农区，则放麦草枕。白布盖身。在死者的四方分别插上印有六字真经的经幡，以祈祷和祝愿他早日升天。

天葬是土尔扈特人过去最常用的丧葬方式，主要是祈求早日升天，早日投胎。他们认为，人活在世上做了很多不该做的事，而飞鸟是天上派来的使者。去世后，把自己的肉体献天使，来化解一生所做的罪孽，以求得上天宽恕。如果埋在土里，就成了各种虫子的食物，灵魂只能在黑暗的角落徘徊，升不了天，就投生不了人。

土尔扈特人的风俗中，年长的人去世，要通知周围的人。对于年少者或小孩子夭折，只请喇嘛来做一个逝者与生者的分离仪式，择地送走，并念经将破财有灾的门封死。如果是过早夭折的孩子，为了让他早点再投生到这个家里，家人用白布将其裹好，埋在他曾睡觉的枕头位置的地下，或者埋在床左脚下，或者在门槛左边埋下。

丧葬程序

守灵。土尔扈特人认为,人在将离世时,非常留恋人间,惧怕阎王爷领走他。如果有儿女陪伴在身边,就会感到温暖和安全——这样去世的人就能安详地离开。所以,家中老人要离开以及去世时,儿女们是不能离开的。对于久病不起,并且眼看已不行的人,家里要给他另设一个小蒙古包安置在里面,家人不分昼夜守在跟前,特别是做儿子不能离开。老人去世时,有儿女在跟前守候就是一生圆满,也是儿女给父母最大的孝敬。因此,父母去世时,做儿子的要帮他把头摆正,身子放好,合上他们的眼,让逝者安心离去。

妆殓。人断气后,家里一方面要尽快去向喇嘛通报,求得有关程序的确定。另一方面,要尽快给去世的人洗浴和妆殓。乘人体还软时,用酒或水把全身擦洗干净。男人的头发要刮干净,并将头发一起下葬。女人的头发要散开。不论男女,手镯、戒指等首饰要全部取掉。用白布裹好,摆正躺好,男右侧卧,女左侧卧——这样放是因男人的力量和灵魂在右边。女人则在左边,要用自己的身体压住自己的灵魂。然后在其身下铺上白布或白毡,上盖白布。土尔扈特人认为,人是光着身子来的,也要光身子走,带上东西会是负担。

人去世后,要把他断气时的蒙古包内东西清出来,腾一块地方为他摆上供品。把门窗关死,点上长明灯,禁止猫、狗出现,儿女不离开。如果没来得及另搭小包就去世的人,要将包移开,给他重搭一个包放进去。

家中人去世之后,要宰羊,炸油饼。炸的油饼中间不开洞,而且要反着放,表示死人是不出气的。要给亲邻传消息。得到消息的邻居都要主动来帮忙。

喇嘛是将他们灵魂送上路的人。一切准备就绪后,不能送行的人要做分

高高的山顶，是亲人灵魂的居所。

别礼。然后，人们将蒙古包后边掀开，让死者的脚先出来，再把人送出。如果是在定居的房，死者就从窗户抬出去。如果是楼房或者出不去的地方，可以做一个假门框，从中抬出去。之所以有这样的风俗，蒙古人说，门是活人走的，是生门。死人从生门出去，会把家里的福气带走。所以要从蒙古包底下或者窗户等不是门的地方离去。

安葬。人送到墓地后，喇嘛用法轮在地上画一圈。如果没喇嘛，其他人用独角羊角画一块地方。铺上毡毡，用蓝石头做枕。男的脸向太阳落下的方向安放。佛经上说，太阳落下的地方是狗投胎成人的地方，也是漂亮的女人自行繁衍的地方。所以，男人要向着太阳落下的方向安放，以求得来生投好胎。女人脸要向太阳升起的方向安放！因为，那是男人们繁衍生活的地方。安放好后，用白布盖好，四角用石头压上，插上经幡，点上香，脚头点上火，把祭品撒在火上。所有送葬人都洒酒。子女们向送葬的人叩头感谢。然后，送葬的人不回头，一直走回去。

人送走后，喇嘛在屋里继续念经——给死者指路，给家人祈祷。家人要给喇嘛送鞍子和马，但不能给鞍垫子。他们认为，通过喇嘛可以给死者送马匹。没马的人家要送活畜代替。

天葬的尸体如果被动过，或被乌鸦老鹰等啄食了，说明逝者是有福之人，灵魂已升天。如果没动，说明他阳世有债没还，或者还有他留恋的东西，要请喇嘛来查看原因，并继续念经，直到尸体被啄动。

过 七

　　人去世后第七天，家里要请喇嘛念经。念经是为了让活人和死人分开——活者不再思念，逝者不再牵挂。还要把邻居和亲戚请来喝茶。过七天时，如遇到8、15、30这样日子是好事。但是，遇到所有的7和9的日期时不出葬，也不给人借东西。因为，这几天是只进不出的吉日。

　　喇嘛根据死者去世的时间、生辰、阳寿、闭眼时的遗愿等情况，通过诵经

一一排解。然后用糌粑做出各种面塑,把黑白两色线搓在一起,再剪成段。用念经的圣水,让活着的人洗净手脸,把面塑与绳段都扔出去,表示将生与死彻底分开。

此时,死者生前想见的人和没能去送葬的女人们,可以到安葬的地方去烧香,敬祭品,祭奠。家里人要给死者准备一套衣服,被子及一些贵重东西等,献给喇嘛。家境较好的,还把死者财产中的大畜献给庙里。贵重物品拿出来,由喇嘛做主,变卖现金发给穷人做善事。一般情况,年长的人去世过七,可提前一两天,年轻人可推后一两天。

七过完就是过四十九。过四十九前要去庙里再向喇嘛请示有关事宜。过四十九在庙中进行,一般要带一袋面粉、一只羊、一壶清油、一袋米及茶、奶、油饼、肉干等,喇嘛登记后送至厨房。有多少喇嘛当天就要做多少饭。饭由男人们做。诵经后,家里还要献一定的贡品。

蒙古人历来能够正视死亡。他们认为,这是人生必然之事!人去世后不喧哗,不能大声哭叫。因为,哭声会惊吓死者的灵魂。而活人流太多泪,会变成灵魂上天时的大海。

主人家里要尽量招待好来看望和帮忙的人。客人吃饱了,死者也会吃饱上路。客人带来东西,年长的会说一些祝词,并拿出一些放在火上。四十九天

土尔扈特谚语 生气者寿短,哭泣者福短。

广阔的山野,是灵魂自由飞翔的地方。

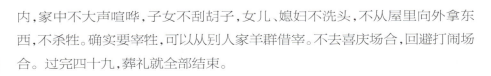

高高的敖包，是人们所
有愿望的寄托之地。

内，家中不大声喧哗，子女不刮胡子，女儿、媳妇不洗头，不从屋里向外拿东
西，不杀牲。确实要宰牲，可以从别人家羊群借宰。不去喜庆场合，回避打闹场
合。过完四十九，葬礼就全部结束。

节日　祭祀

土尔扈特人的节日与祭祀活动很多，在
生活中也占有重要的地位。在节日与祭祀中，很多是
祖上流传下来的，也有一些是随着时代的发展有了
新的演变。有些因为习惯叫法，将节日与祭祀统称为
节。为便于了解，这里对土尔扈特蒙古人主要的节日
与祭祀活动作分别介绍。

节　日

在土尔扈特蒙古人的节日中，涉及到民俗、宗教、生产、娱乐的节日很多，最主要的有春节、麦德尔节、祖鲁节（点灯节）、青牛节、打马印节等。

家门前燃起祭奠的祖鲁。

春 节

春节是土尔扈特人的一个重要节日。它是汉族人的春节，也是土尔扈特人的春节，他们称之为查干萨尔节。土尔扈特人崇尚白色，认为白色是高贵、纯洁的象征。送出远门的人时祝愿："希望你的路要白。"晚上送客人时说："沿着白路走。"他们把农历新年的第一个月叫"白月"。"白月"第一天为春节，由于春节是一年开始的节日，在农历十二月三十日晚，全家人都不睡觉，开始做过春节的准备——包包子、炸油饼、包饺子、酿酒、做新衣、准

节日祭祀·节　日

高高的祖鲁在众人的注目中被点燃。这是新疆巴音郭楞蒙古自治州和静县的土尔扈特蒙古人集体过祖鲁节时的一幕。

备充裕的食品……通宵不眠。

初一早晨，全家人穿上新衣服，拿上好吃的东西到外面，把新鲜的食品、鲜奶祭洒给太阳、上天。然后过屋给家中供奉的神或佛敬香、上贡、磕头。孩子给父母、长辈行礼拜年，在灶头点上杜松(一种柏枝)拜灶神。初一过后，亲朋好友和邻里们开始互相拜年、互致问候，并互赠新年礼物。节日要持续到正月十五。

二尔扈特人拜年时，有年少的人给年长的人伸出右手拍袖子问候的习俗。这个习俗源自麦德尔神降妖除魔的传说。相传，没有春节这个节日之前，有好多妖魔祸害百姓。人们没办法，就求佛祖帮忙。佛祖派自己的女儿到下界降妖除魔。

佛祖的女儿下界后，为了摸清妖怪作乱的情况，就与妖界的首领结婚。通过与妖怪生活，慢慢摸清他们人数、道行、生活习性。在一年的最后一

妇女们正在用面做祖
鲁，即盛酥油的面灯座。

天，佛祖的女儿一举铲除了妖怪。这时，她发现自
己怀孕，她不愿生下妖怪的孩子，就想办法堕胎。
堕胎时手上沾满了血！佛祖规定，一年的最后一
天，她要回到佛祖那里汇报情况。这时，恰巧遇见
一个人向她问好，并上前与她要握手——因为手
上有血，她就用衣袖遮住右手，与那人拍了一下，
以示礼貌和亲切。

从此，蒙古人过年，见面就有了击一下手或拍
一下臂膀的习惯。而且，初一到十五要点长明灯，
原因是佛祖的女儿上天休息去了，下界的妖怪可
能还要出来——点着灯，妖怪们就不敢出来了。

麦德尔节

麦德尔节实质上是一个重大法事活动，所以
又叫麦德尔经会。这是土尔扈特人特有的一个宗

教节日。乌讷恩素珠克图南路旧土尔扈特盟是新疆旧土尔扈特蒙古人的全称，它最大的寺庙巴仑台黄庙坐落在和静县巴仑台山里，又名永安寺。建成时，即清光绪十四年（1888年），西藏13世达赖喇嘛赠给黄庙1尊麦德尔佛像，佛像揭幕的时间恰是农历正月一五日。

以后，每逢这一天，喇嘛们要斋戒、沐浴、诵经，挂出麦德尔佛的巨幅描金画像，举行盛大的"禅木"经会活动。土尔扈特人也从四面八方赶来烧香礼佛，朝拜麦德尔佛像。庙里僧人在主持的带领下，要进行盛大的诵经、讲法，为前来敬佛的人们摸顶赐福，并分发诵过经的圣水、糖果，人们会将早已准备的贡品，金银珠宝等贵重物品敬献给庙里，并由专门的僧人记下名字，在诵经过程中，为献祭的人们祈福消灾。如今，人们在举行麦德尔节时，还开展一些地方民族产品交易，成为经济、文化、宗教融合的庙会。

祖鲁节

祖鲁节在土尔扈特民间俗称点灯节。它是土尔扈特人生活中的一个重要节日，具体时间是农历十月二十五日。这一天是黄教创始人宗喀巴的圆寂日。

相传，宗喀巴高僧在农历十月二十五日去世。人们为他的去世而惋惜！安葬高僧时，人们在屋里各个角落都点上酥油灯，为高僧照亮去天堂的路，也表示高僧没离开大家，像明亮的酥油灯一样永远照在人们心中！这一天，人们不喝酒、不唱歌，默默而严肃地做着各项事情，以示对高僧的怀念。

祖鲁节来临之前，人们制作色兹米酒、搓灯芯、做灯座、包饺子包子、请邻里到家里喝祖鲁茶。有搓一百个灯芯的习俗，或者超过此数。一般来说，每个

长长的无结节的芨芨草秆，象征着顺顺利利，平平安安。

人必须按自己的岁数制灯芯和灯座。据说,搓够一百个灯芯,可以得到宗喀巴神的保佑,活到一百岁。搓灯芯的材料是用30~40厘米、中间没有结的芨芨草秆,在上面缠绕上洁净的棉花,浇上酥油插在灯座中。灯座是用面捏制的。

　　祖鲁节这天,人们以家为单位做高高的灯台,在黄昏星辰闪烁时,从长辈开始,将祖鲁灯放在灯台周围。没做灯台的就放在自家的窗台上。从年长者开始,依次点亮祖鲁灯,然后向祖鲁灯叩拜,默念:尊敬的宗喀巴施恩,赐予一百岁! 天下众生共享天伦之乐!

　　这天,邻里、朋友之间还要互相送酥油灯,意思是互相提醒大家别忘了高僧的忌日。同时,酥油灯的灯芯必须用没有结的芨芨草秆制作,其用意是:无节代表平安、顺畅、长寿,一年无病无灾。

　　土尔扈特人不管生于何月何日,都是以祖鲁节记岁——这是一个独特的习惯。过了这一天,所有人都长一岁。

当上百盏酥油灯点亮时,虔诚的心伴随着明亮的火焰一起升腾,希望与美好的祝愿一同冉冉升起。

青牛节

青牛节是农区的土尔扈特蒙古族农民过的节日。

每年三月，在土地解冻之前，农民们要选一高处，和泥塑一个大泥牛，涂上青色，然后聚在一起庆祝，之后经常观察。因为三月还非常冷，泥牛塑好又冻住，等到泥牛全化，农民们就知道播种的时间到了，便开始一年的工作了。

祭塔格楞根时的面塑祭品。

打印记节

打印记是土尔扈特蒙古人的一种生产习俗。给马打上自己部落或者家族标记的传统古已有之。每年农历三月初八，人们在指定的草场燃起篝火，选一名烙技精湛、德高望重的牧人执印，参加套马的人列队向他敬献哈达。然后由套马手围住马群，人欢马嘶，欢声雷动。骑手每套住一匹烈马，执印者便将烧红的印模迅速在马左胯中心打下一个记印。

马印记每个家族或部落的畜群的各不相同。打马印始于12世纪。相传，成吉思汗和王罕，为区分各自部落的马群商议打马印。后来，打马印成了牧人们相聚的盛会，每到打马印记时，好骑手们相聚在一起，拿出各自的绝技，挥着套马杆，身手矫健地穿梭于马群中，将一匹匹烈马准确迅速地套住，牵给打印记手，场面热烈又刺激，所以也是展示牧人马技的一个舞台。

打印记用的铜制印章。不同符号代表不同部落或家族。

土尔扈特谚语

人间灾难说不来，来了就糟了。

祭 祀

祭塔格楞根

祭塔格楞根，人们习惯称之为塔格楞根节。喜欢在后加一个"节"字，而它是一个纯正的祭祀活动。这种祭祀仪式最早缘于萨满教祭祀山、水神的活动。随着黄教的发展，逐渐成为黄教祭塔格楞根的仪式。塔格楞根，即人们所说的敖包。

关于塔格楞根的起源和涵义，有很多种说法。有说是在成吉思汗时代，铁木真与蔑尔乞交战时，虽然伤亡很重，但人们还是从战争中平安返回，认为这是神灵在保佑。于是，制订了叩拜神灵的仪式，并立了神坛。后来，这种祭奠仪式逐渐演变成供祭塔格楞根的习俗。民间还有一种说法是：早先，男人们常常外出打仗。每次走时，各部落首领都让他们拣一块自己能记住的石头堆放在部落驻地的高地上。打完仗回来时，再把自己放的石头拿回去。这样，首领就知道这次出去打仗有多少人回来了，多少人牺牲。随着出去打仗的次数增加，石头也越堆越多。人们看到石头，就想到在外牺牲的亲人。于是就去祭拜，并逐渐演变成今天的祭塔格楞根活动。

蒙古人自古以来就有择青山秀水、草场肥沃的地方游牧的习惯。游牧到哪里，就在哪里堆石为塔格楞根。每个部落、每个苏木都有自己的塔格楞根。

旧土尔扈特南路盟全部落有3个大塔格楞根，即：巴音布鲁克的"德金巴吾"——土尔扈特母神塔格楞根，又称母亲敖包；"汗蒙加鲁普"——土尔扈特

父神塔格楞根，又称父亲敖包；奎仙达坂的"阿拉西央呸"——土尔扈特子神塔格楞根。

　　祭祀塔格楞根的时间是每年农历六月初四。届时，人们早早赶到巴音布鲁克草原。男人们大多上父亲敖包祭祀——那里不允许女人去。老人、妇女和孩子们都去母亲敖包祭祀。

　　祭祀时，寺庙的喇嘛要提前到塔格楞根，将祭祀用的法器、供品准备好。当法号吹起时，在喇嘛们的诵经声中，人们绕着塔格楞根添石转圈，将带来的鲜奶、白酒、点心等洒在上面，把印有祈福标志的各色经幡挂到塔格楞根的高树枝上，并频频叩首祭奠，祝愿一年风调雨顺，六畜兴旺。

　　祭祀塔格楞根时，土尔扈特人要举行隆重的"好汉三艺"活动，即赛马、摔跤、射箭。土尔扈特人把它称之为"塔格楞根巴衣尔"（塔格楞根节）。但是，土尔扈特人以外的其他蒙古人，则把它叫做

　　这是2008年7月6日早晨，我登上德金巴吾塔格楞根山时，看到的一名僧人。他早早上到山顶，为即将到来的祭祀活动做准备。我上去时，他正焦急地等着山下的师弟们送祭品上来。

转世于新疆巴音郭楞蒙
古自治州和静县的十世宫明
活佛，在父亲的敖包前为牧
民摸顶赐福。

"那达慕巴依尔"。虽然说法不一样，但是同一件事情。即"那达慕节"与"塔格楞根节"是一个活动中的两个部分。有些人因不了解而将其分割为两个不同时间段的节日，这是不对的。

为了推动民族传统文化发展，新疆巴音郭楞蒙古自治州及土尔扈特人聚居的和静县都十分注重对传统文化的继承。县人民政府将塔格楞根节中的"好汉三艺"环节进行了延伸与完善，确立了"那达慕节"。但是，依然遵循着传统习俗，那达慕节的时间一般都是确立在包括农历六月初四这个日期的前后三天之内。这样就确保了牧民群众既能去祭祀塔格楞根，又可以欣赏到由政府牵头举办的热闹又有意义的各项体育、文艺比赛，体现继

承与发扬的科学发展观。

祭祀塔格楞根时，人们把马儿打扮一新，穿上传统的土尔扈特服装，全家出动。路程远的提前两三天就出发，从远处赶来参加塔格楞根节，观看"好汉三艺"，购买物品。

对于塔格楞根的涵义，现在较为统一的理解是：

第一种是作路标、地界标志；第二种是代表部落、家族，是部落、家庭神灵居住的地方；第三种是为那些为保卫家乡英勇牺牲的英雄人物设立的，带有纪念意义。

不论哪一种，人们都认为，有塔格楞根的地方就有神灵！他们会保佑百姓生活幸福，四季平安，心想事成。

祭火神

祭火神在土尔扈特蒙古人流传很久，但没有特定的时间。一般在每年阴历九月底到十月初之间，牧民自发进行祭奠。

火是土尔扈特人生活中的重要组成部分。祭火是为了让火神高兴，以保证整个冬季和一年兴旺温暖。

祭火神时，牧民可以在家自己祭，也可以请来亲戚、邻居共同进行。

关于祭火神有这样一个传说：有户人家很穷，全家财产只有一只黄头羊。眼看冬天来临，羊也没草吃了，丈夫想把羊宰了吃掉。跟妻子商量，妻子觉得只有这么一只羊，随随便便杀了吃太可惜。天冷了，火是冬天的希望，不如请来喇嘛祭祭火，然后再吃兰。

他们请来喇嘛，杀了兰，扫羊油、酥油等放在炉中烧了祭火神。喇嘛念了经，然后才开始吃饭。

第二天，妻子起来烧火，从炉灰中拨出一块金子。他们觉得很奇怪，炉灰里怎么会有金子呢？丈夫去问喇嘛是什么原因。喇嘛说，这是你家上辈的德厚——给别人好处多，这辈子上天还给你们。

听说他家把唯一的黄头羊杀了祭火，得了块金子——一传十，十传百，人们纷纷杀羊宰牛祭起火神来。祭祀活动从阴历九月底一直延续到十月初才陆续结束。

祭火神时，7天之内，炉灰不往外倒，不给人借东西，即使家里有东西也不给人借，原因是怕财气流走。祭火时，喇嘛念经会问："财气来了没有？"

土尔扈特谚语

懒人门前无柴烧，贪吃人家无粮米。

众人说："来了。"

问："身体健康没有？"

众人说："健康。"

"家里丰收没有？"

众人说："丰收了。"

这些都表达了普通人的一份普通心愿，就是祈求一切平安幸福！

除此之外，土尔扈特人还有祭泉水、祭天地的习俗。祭泉水，主要是在泉边祭挂哈达，祝愿泉水世代洁净，为人们所享用。土尔扈特人一向敬重和保护水源，不允许在溪流、泉水边洗脚、倒污水、撒尿等不洁行为，如果做了，会遭报应。祭天地一般是将第一杯酒或第一碗奶祭洒天地、感谢上苍赐予人们的幸福。

祭祀的时候，男女老幼都登上巴音布鲁克区的母亲敖包烧香祈愿。

宗

教

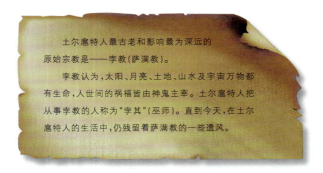

土尔扈特人最古老和影响最为深远的
原始宗教是——孛教(萨满教)。

孛教认为,太阳、月亮、土地、山水及宇宙万物都
有生命,人世间的祸福皆由神鬼主宰。土尔扈特人把
从事孛教的人称为"孛其"(巫师)。直到今天,在土尔
扈特人的生活中,仍残留着萨满教的一些遗风。

黄教在土尔扈特部的传播

17世纪初黄教传入新疆的卫拉特蒙古,土尔扈特人信奉黄教。黄教是喇嘛教的一种,创始人宗喀巴。喇嘛教是佛教与西藏原有的本教长期相互影响,相互斗争的产物,教义上,大小乘兼容,大乘为主,大乘中显密俱备,尤重密尊,并以无上瑜珈为最高修行次弟。

喇嘛教有红教、黄教之分。最初传入土尔扈特部的是喇嘛教的红教。13世纪时,红教传入蒙古族居住区,同时传入土尔扈特部。

红教,因僧衣僧帽为红色,所以叫红衣派或红帽派,简称红教。红教上层喇嘛八思巴归附蒙古,中统元年(1260年)忽必烈封他为"国师"。并在西藏设官封职,以八思巴为最高政权首脑。元朝时代,各种宗教在土尔扈特部同时并存,但喇嘛教的势力发展比其他的教更快,并有喇嘛专门到土尔扈特部传教、讲经。

随着各种宗教的渗透,喇嘛教的传入,人们眼界逐渐开阔,思想渐为开放,萨满教开始在土尔扈特人心中动摇。而喇嘛们温文尔雅,教义博大精深,奇妙无比,给土尔扈特首领们留下了较好的印象,渐渐在王公贵族和富牧中扎根。土尔扈特的首领们深知宗教在统治中的作用,更积极倡导喇嘛教的传播。

到了明代,宗喀巴创立的黄帽派喇嘛教,在土尔扈特蒙古人中已经广泛传播。因其僧衣僧帽皆为黄色,所以叫黄衣派或黄帽派,简称黄教,或称喇嘛黄教。

黄教能够迅速传播的主要原因是当时的卫拉特蒙古统治阶级为巩固自

己的统治地位,需要利用宗教作为精神统治的工具,而宗教正好适应于他们的需求。黄教让蒙古封建郡主们不从军、不缴纳税收、不做苦役。对世俗人,法律规定:"普通人如打骂卓尔济(三管寺庙教仪的喇嘛)视同动手打骂侮辱洪台吉一样,依法处置"。由于喇嘛们在蒙古社会中这种特殊的地位,一些贫苦牧民为了能改变自己的地位,纷纷将子女送去当喇嘛。封建主们为了使人们接受喇嘛教并充当喇嘛,还免除了喇嘛的供赋、差役、兵役等负担。这些因素使喇嘛队伍迅速扩大,黄教在群众中传播速度得到加快。鼓励蒙古人出家做喇嘛,是黄教在准噶尔部传播的三要原因,也是加速推进宗教信仰的一大因素。

1640年9月,东西蒙古封建主在新疆塔城会盟,土尔扈特首领和鄂尔勒克率其子万里赴会。会议上制定了《卫拉特法典》,规定喇嘛黄教为蒙古各部共同信仰的宗教(戈尔斯通斯基著《蒙古卫拉特法典》,第16页)。

黄教在土尔扈特人的心目中已成为一种至高无上的信仰。土尔扈特蒙古人在移牧至伏尔加河流域时期,将黄教庙宇及物品一同带去,他们虽身在异乡,但仍频频远涉大漠戈壁,赴西藏熬茶礼佛朝觐,对黄教笃信不移。西藏的宗教政权也时常派喇嘛去宣经布道。阿玉奇执政时期,西藏的哲布寺就派了一名叫罗布桑达尔札的喇嘛赴伏尔加河两岸传教,黄教成了远在伏尔加河的土尔扈特蒙古人和祖国联系的一条最紧密的纽带,也成为土尔扈特人精神生活中的重要组成部分和政权建设中的一支重要力量。当时,安建库热主持洛桑丹增高僧就是策动东归的决策者之一,在东归的组织、谋划、起义、战斗的全过程中,喇嘛们起了重要作用。

黄教在准噶尔及伏尔加河流域的土尔扈特人地区传播时,反对萨满教的活动也同时进行着。黄教宣传仁爱宽恕,忌讳杀生祀祭,萨满教则宣传万物不灭,灵魂是永生的,因此在人死后入葬的同时,杀牲灵祭献给灵魂。而黄教规定:"给死者不许陪葬祭奠牲畜,违者按规定处死。"虽然黄教禁止萨满教,但是,并不能完全消除萨满教对众人的影响。为了迎合大众心理,黄教中也融合了萨满教中的一些内容和仪式,如占卜、祭火、祭敖包、人们出行、家中办婚丧事等等,都要先占卜凶吉,选择黄道吉日,才能进行。这些大多都是两教融合的结果。

当低沉的号角吹起,虔诚的情绪便漫延开来。

黄教寺庙在土尔扈特部的建立

16世纪80年代，土尔扈特蒙古中便开始出现信奉黄教的部落。当时在寺中供有佛祖释迦牟尼、宗喀巴等铜佛像和各种佛经、法器，还设有医学院、时论学院等。1628～1632年间，土尔扈特蒙古首领和鄂尔勒克带领本部落蒙古和部分和硕特蒙古、杜尔伯特蒙古等，从塔尔巴哈拉辗转向西移牧至伏尔加河流域时，把原来的寺庙财产也搬到了伏尔加河流域。

寺庙内的法器。

17世纪末18世纪初，黄教在土尔扈特部得到迅速发展。土尔扈特蒙古游牧伏尔加河流域期间，除随迁来的寺庙外，在其境内还修建了安建库热、巴克希恩库热、喇嘛库热、哈布青达尔克库热、乔进库热、约明库热、达尔克因库热等10座寺庙。东归时，有7座库热一同迁回。但在东归途中与沙俄军队及沿途部落战斗中，有2所库热遭到破坏。

新疆巴音郭楞蒙古自治州和静县巴仑台黄庙中的主佛——麦德尔佛金身,高2.7米。

东归后,因清政府刚刚平定准噶尔,对归来吐尔扈特蒙古一方面安抚和收买民族上层人士;一方面大力提倡和扶持喇嘛教,用以帮助统治蒙古民族。清朝统治阶级认为,建造一座庙要比养十余万士兵划算。采取"易其政不易其俗"政策,各盟旗都相继建立起自己的库热(蒙语寺庙)。从东归时的7座寺庙,后来发展到33座,喇嘛僧侣超过千人。

土尔扈特部驻牧于珠鲁隆斯之后,"乾隆三十九年(1774年)十月,从内地接来工匠,在乌拉斯台修建庙宇"。由参赞大臣贡楚克扎布咨请理藩院汇题庙额。此年,敕赐"普福寺"(《满文土尔扈特档案译编》,民族出版社,1988年版第236页)。土尔扈特人称之为"巴润巴克西库伦"。这是土尔扈特历史上的第一座土木建筑的库热(庙宇)。该寺专供土尔扈特汗礼佛之用。后又多次修缮。同治年间,阿古柏匪军入侵,庙宇毁于战火。自普福寺修建后,土尔扈特地区先后修建了却藏恩库热、巴克西恩库热、安建库热等33座寺庙。寺庙均模仿西藏寺庙建筑形式,内供佛像,墙壁画佛教壁画,设立住持、内务管理等宗教人员。

安建库热

在今天的和静县巩乃斯河附近,还有安建库热的原址遗痕。安建库热建立起来后,一直用蒙古包作寺庙。19世纪初建立了一座土木结构的寺庙,后又毁于阿古柏战乱,安建库热只好再次回到蒙古包形式。最多时,库热的蒙古包

大山深处的巴仑台黄庙。

帐篷式庙宇内景。

达20多顶，僧人50多人。文革期间，该寺再次遭到破坏。虽然在各个历史阶段经历了不同程度破坏，但是，群众的信仰没有动摇。庙拆了建，建了烧，信仰在人的心里却烧不掉。如今，在我国宗教政策保护指导下，原址附近已建起一座砖混结构的高大的安建库热，成为信仰群众祭拜的精神寄所。

吹法号。

黄 庙

巴仑台黄庙地处天山南麓——和静县巴仑台峡谷之中，是南路旧土尔扈特蒙古人的总庙，也是新疆最大最具代表性的一个综合性喇嘛教寺庙群，素有"小布达拉宫"之称。始建于光绪十四年（1888年）。清政府赐名"永安寺"，土尔扈特人称之为夏尔松木，1890年才竣工正式交付使用。现存的庙宇，仅仅是原建筑十分之一的面貌。

据史料记载，当年黄庙共建造15座庙堂，分别有经学院、哲学院、医学院等。黄庙为主庙，坐落在中央，其他14座以黄庙为中心，错落有致地分布在四周。当年修建黄庙时，由于工程宏大，建造中除了蒙古工匠之外，还雇用了很多藏族、维吾尔族、回族工匠，前后花费14年才完工。后来，黄庙旁边又修建了札目斯尔噶（土尔扈特汗的礼佛庙）、格根拉布容（活佛殿），最终，巴仑台黄庙成为土尔扈特，乃至新疆蒙古族佛教的中心。据有关记载，在黄庙常住的僧人300~400人，最多时达1000多人。

丹麦探险家亨尼·哈士纶写的《蒙古的人和神》第十四章中，对1927年的黄庙进行了详细描写："黄庙是建在一条宽广河谷南坡上的一排庄严堂皇、保存完好的建筑。这个庙宇群是由一大堆混乱的低矮住房所环绕的9所庙宇组成的，喇嘛们的小房间就在这些住房之中。据估计，喇嘛的数目有1500人。但从政府接管过后，僧钦已将人数压缩了三分之二还多。寺院的住持是位聪明和有学问的高僧。他坚持严格的寺庙纪律。"在那里，他看到一个年轻女子在绣观音菩萨像。还看到一本《土尔扈特源流》，像古代土尔扈特手稿一样，由部

坐落于安建库热前的十八世罗卜森丹增尼满喇嘛的塑像。

❶ 喇嘛们正在移动的庙内做法事。

❷ 敬香的牧民。

❸ 巩乃斯河。

❹ 黄庙门前的两座白塔。

②

落以一种几乎是宗教的崇敬之情保存着，只有少数选中的人才能接近藏此书的楼阁。在那个楼阁里，他还目睹了这本包装精美、由一代代不同的喇嘛在不同时期续写的《土尔扈特源流》。他说："这些都是勤劳的喇嘛常年不懈地记载下来的。它像土尔扈特人的一部《伊达诗集》，把朦胧而遥远的历史消息带给后世子孙。"他看到了康熙、雍正、乾隆三代皇帝给土尔扈特的敕书，发现很多有趣的手稿。他说要看完那些手稿需要很多年时间。因为存量很多，可惜他没有那么多的时间。这仅仅对黄庙藏书及各种文献进行大概记述。据有关资料记载，黄庙在南路盟中，是最富裕的寺院之一。教民及贵族们在各种时节捐献的牲畜总数就占旧土尔扈特南路盟全

土尔扈特谚语

衣有领袖，人有大小。

位于巴音布鲁克草原美丽的天鹅湖旁移动的庙宇——胡参库热。2009年，它将彻底告别沿袭几百年的帐篷庙宇，搬进固定的水泥建筑庙宇中。

部牲畜的三分之一。此外，用黄金、白银、珠宝装饰的佛塑、各种佛器、佛像和壁画以及各种雕刻等无价的固定财富数目也很可观。黄庙珍藏的甘珠尔（大藏经）、丹珠尔金大多都是用金书写的，还收藏着众多佛教经典以及医学、历法等方面的经卷和土尔扈特历史卷宗。可以说，当年的黄庙不仅是土尔扈人的艺术宝库，而且是土尔扈特的文化历史宝库。可惜世事难料，岁月无情，在一次次战乱、运动、纷争中，这些宝贵的东西难逃劫难，能保存下来的极少。

土尔扈特南路盟的庙宇除黄庙外，还有克烈特、查腾、巴润、扎布苏尔、协比乃尔等5个苏木所属的小庙。

黄教喇嘛及其组织

　　黄教实行活佛转世制度，解决寺庙的领导接班人的问题。后来分为大活佛、中活佛、小活佛的等级。中国佛教的最大首领是达赖喇嘛和班禅额尔德尼。

　　活佛是土尔扈特人的精神统治者，在牧民中有很高威信。土尔扈特人的活佛叫宫明活佛。一世冬古得鲁普·嘉木措，是土尔扈特部东归前派到西藏学习的喇嘛。由于他勤奋好学，在拉萨宫明寺当了堪布（宗教的职位），取得了宫明·嘉木措法号。宫明由"灵童"转世，至今已有10世了。10世宫明活佛法名为宫明·洛桑土登·丹拜巴久美，现正在甘肃省甘南藏族自治州夏河县拉卜楞寺深造。

　　黄教寺庙有严密的组织机构，对神职人员自有严格的等级规定。活佛为最高宗教首领，在每所库热（庙）中，由大喇嘛（提吾、康布）主持庙务。洛翁为大喇嘛的助理，主要主持宗教活动。相古掌握宗教法律。公孜提负责诵经。吉斯负责寺庙财务总管。尼日外为管理员。有如克其是保管经典和佛像法器等。盖依提为传达。公尼尔负责清洁工作。寺庙众僧人中，满金为最低一级，满金以上为盖次里、盖林、尔吾久、盖吾西、塔荣布。塔荣布是经佛教权威考核后授予的最高学位，其第一级称为安格当布。在近百年中，只有江布藏布、西却尔克两人获得安格当布称号。

　　喇嘛僧侣们进寺庙后，学习生活都比较稳定。以学经文为主，兼做其他工作。他们要接受宗教宣传的修养；学习

关于鲜花的抒情模式。

巴仑台黄庙正厅。

宗教技术训练，比如医学、占卜、雕刻、铸造神像、刻版、印刷经书等，同时还做好寺庙各项日常工作。

入寺庙做喇嘛的人基础条件并不一致。有些入寺前对佛学就有一定的基础，有些却目不识丁。过去，很多牧民进寺庙做了小满金，才学会认字。从年龄方面来讲，有六七岁的儿童，也有年近六七十岁的行动不便的老人。从社会层次上说，有转世活佛，也有贵族子弟。有家贫如洗的农民、牧民，也有因生活无着落而来给寺庙耕田放牧、靠自己的劳动生存的。

黄教与其他宗教一样，是统领人们的世界精神。封建时代，它是封建统治阶级厝以愚弄和控制百姓的手段。如今，在我国民族宗教政策的指引下，人们有信教与不信教的自由。人是需要有信仰有寄托的，只要站在爱国和维护祖国统一立场上，有一份信仰，给自己心灵找一份宁静的处所，没什么不好。

宗教·黄教喇嘛及其组织

居

住

土尔扈特人自古以来过的都是逐水草而居的游牧生活。在过去的年代里，他们的居所大多以蒙古包或角鲁木为主。蒙古包是用木制骨架和毡块构成。角鲁木是一种极其简陋的帐篷——做不起蒙古包的贫穷牧民，或者转场时为携带方便使用的一种简易帐篷。而相对于山区的牧民来说，处于定居或半定居的牧民，以及汗王、各部落首领们居住条件更为稳定和优越。他们大多居住在以土木结构为主的房子里，也有少量砖瓦结构的。房屋式样有两种，一种是略同清代的宫殿，主要是汗王及贵族们居住。另一种是汉式民居房，多为农区、半农半牧区的百姓居住。喇嘛庙宇与王爷府是少数特殊阶层人群的住所。

蒙 古 包

　　蒙古包是一种天幕式的住所，蒙语称"蒙古格勒"。顶为伞状圆形，下为圆柱形。它是蒙古人在千百年的游牧生活中实践出来的一种科学、方便、可移动的房屋。蒙古包因其圆形结构，在风雪中受阻力最小。不积雪，下雨时不积水。门方而小，紧接地面，寒气不易侵入。包的紧杆即百叶哈那，是用数根相等的细木棍和毛皮绳联结而成的活动网格，拉开便成环形的包墙，搬迁时折叠在一

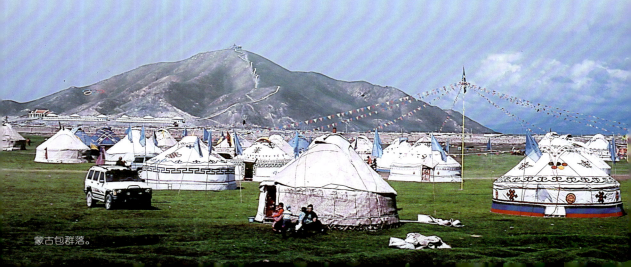

蒙古包群落。

具有现代气息的新婚包。

起，就成了一张紧密的平板，放在牛车上可当车板，上面又能摆放家具。蒙古包的顶端有一个直径60~90厘米的圆天窗。天窗上有活动的盖布。移开盖布后，便可以将烟筒伸出去——锅灶就支在包内正中的天窗下面。这种设计，通风、采光、做饭一举三得。白天打开，刮风下雨、下雪时或晚上盖上。同时，在各种几何图形中，圆的面积最大，所以，圆形的蒙古包也是牧民生活中最理想的空间。

蒙古包外形大致相同，只是在大小与装饰上

简易的角鲁木，是牧民放牧时的小家，易拆易运。

土尔扈特谚语 要想力量大，就要团结多。

蒙古包门内右侧，是牧民安置厨具的地方。上晾风干肉，壁上挂袋内放置碗筷，桌上是油盐等物。

有所不同。普通的蒙古包高约2.5米至3.5米，直径3~8米不等。也有直径10米以上的。一般是部落首领宴请、办公的场所，现在，一些牧区乡镇也制作大型蒙古包——用于会议室或接待宾客。而家居不使用过大蒙古包，一是搬迁不方便，二是一家一户牧民不需要那么大的空间。

土尔扈特人扎蒙古包也讲究风水。门一定要向着东南，即太阳升起的方向。蒙古包的大小虽不同，构造却一样——几百年来都是相同的样式。有一种很小且简单的包，蒙语叫角鲁木。它只有正规蒙古包的伞状顶部，没有下边的竖墙部分，而且伞状顶部的撑杆仅有原来的二分之一——直接将其支在地面，上盖毛毡，如一个没完全打开的尖顶伞。内部空间较小，高约2米，宽不过3米。现在，角鲁木已成为土尔扈特人夏季放牧时的一种点缀。

蒙古包内的陈设视家庭经济状况而定。条件一般的牧民一家共住一个包，做饭、吃饭、睡觉都在包里。睡觉的地方铺牛羊皮或地毯，晚上再铺上

居 住 · 蒙 古 包

被褥。条件好的人家，拥有几个包，人们可以分开睡觉。包内地面铺提花地毯。因为空间有限，所以，蒙古包内匀摆设以简单实用为主。通常正面摆放小矮桌，用于吃饭、喝茶。右边摆放被褥衣箱及日常用品，左边安放橱柜、奶桶、水桶等厨房用具。包中央是炉灶。如果足够宽敞，条件好的人家会再摆一张或两张床。

冬天扎包时，一般选择山湾或洼地。这样，一是牲畜饮水方便，二是可以躲避风雪侵袭。夏天扎包时，一般选择地势较高且平坦的地方，可以通风、防雨水冲击。春秋季节选址，以水草丰茂、易于采光和转场为主。

随着社会经济的发展，牧民的生活条件已发生了翻天覆地的变化。传统的游牧生活在形式上虽然没有变化多少——依然是春来秋去，逐水草而居，但是内容上已有了质的飞跃。转场由赶着牲畜走，变成用大货车拉着牲畜及家具走——人畜都不用走路了。蒙古包也由狭小简陋的角鲁木变成宽大气派的大包，而且带着太阳能小型发电设备，电视、DVD随时可以看。富裕的牧民干脆在城里买一套楼房，在牧场盖一幢定居房。千百年流传下来的蒙古包成为他们春夏时节偶尔一住的调剂或成为一种对传统生活的偶然回味。

蒙古包骨架。

居住·蒙古包

小小角鲁木虽然简陋，却温暖无限。

文化娱乐

生性乐观、随遇而安的土尔扈特人，在艰苦的生活环境中，懂得为自己寻找快乐。他们把放牧、打猎、管理畜群与寻常日子有机地结合起来，创造出了属于自己的丰富多彩的文化娱乐生活，以弥补清苦岁月中的单调。

土尔扈特人的文化娱乐活动主要分两大类：一是体育活动。主要是在一年一度的祭祀塔格楞根（敖包）时，牧民之间开展的赛马、摔跤、射箭，所谓"好汉三艺"，以及赛牦牛、赛骆驼、马技等比赛。另一类是具有表演性的娱乐，如长调比赛、《江格尔》史诗说唱、跳萨吾尔登舞、弹奏托布秀儿琴等。

体 育 类

土尔扈特人将"好汉三艺"，作为衡量草原上的汉子们有无本事的重要标志之一，并且成为婚礼、节日等各种庆典和集会活动中的主要内容。

赛马、摔跤、射箭自古以来就在蒙古人中广泛流传。作为蒙古族部落之一，土尔扈特人也将它视为锻炼勇气、提高技能、增强智慧的一项有益的运动。这项活动不仅在反对外来侵略、维护祖国和平统一、保卫家乡安宁中发挥了重要的作用，而且对于人们锻炼勇

那达慕大会上的赛马手。

察汗吾苏村，牧民自发举办摔跤比赛。

气、增强自信、振奋精神有着极大的意义。所以，土尔扈特人在节日、庆祝重大胜利时，都会举行"好汉三艺"娱乐活动。特别是在祭祀塔格楞根（敖包）时，这种活动可持续五六天。

摔　跤

蒙古式摔跤起源悠久。它是蒙古族经过漫长的游牧生活和社会实践而逐步产生与发展起来的。人们在考古发掘推断后认为，蒙古式摔跤很可能源于"匈奴跤"。蒙古摔跤是否起源于北方匈奴时期？需要进一步探讨研究。成吉思汗时代，是蒙古式摔跤运动的兴盛时期。由于当时武器简陋，战争的主要形式为短兵相接，而摔跤技巧与短兵相接紧密相关。所以，摔跤活动便成为当时军事

牧民们自娱自乐的摔跤
比赛，装备几乎没有，但快乐
尽在其中。

文化娱乐·体育类

训练的一个重要内容。成吉思汗的名将木华黎、者
别、别勒古台、哈撒儿等人，都是当时著名的摔跤
能手。

元朝建立后，随着蒙古社会政治、经济和军事
力量的扩大，蒙古族摔跤运动又有了新的发展。那
时，设有专管蒙古摔跤的机构，并且规定男子必须
具备摔跤、射箭和赛马三项技能。每年夏秋季节在
草原上举办隆重的那达慕大会，男子三项竞技便
成为主要内容。

明清时期，蒙古式摔跤也得到了发展。特别是
清廷对蒙古族采取了随俗而治的政策，重赏摔跤
手，提倡蒙古式摔跤运动。清廷还经常召集蒙古各
地摔跤手进京，与满族摔跤手进行比赛。这对蒙古
式摔跤运动的发展和技术的提高，起到了良好的
作用。

1949年后，蒙古式摔跤运动得到了进一步发

展,并成为正规体育比赛项目之一。各级政府大力支持此项运动,并且在那达慕大会上专设摔跤项目,鼓励牧民广泛参与,强身健体。

总之,经过漫长岁月的磨砺,摔跤已成为蒙古民族最喜闻乐见的运动。无论是放牧的少年,还是玩耍的小孩,只要有时间,他们就会抱起臂膀摔一场。这是一种自由度高、对场地要求不高的运动。二个人可以进行,成百上千人也能进行。但遇到节日集会的正式摔跤时,则有一定的规则要求。

土尔扈特摔跤仪式中,没有摔跤的具体场地。哪里有平整的地段,有草地,就把它作为摔跤场地。两边各盖一个蒙古包——这也是左右两方摔跤手的活动室。比赛开始前,让摔跤手喝口水预祝取胜,并给摔跤手穿上摔跤服,身体用黄色和蓝色的盖在罩住,由专人领进摔跤场地。走进场地中心后,取掉盖布。只有这时,摔跤手双方才能互相认识。摔跤的盖布实际上叫做摔跤的服装。向父老兄弟及观众膝盖着地,右手顶住地面,低头行礼。做完礼后,两个摔跤手在摔跤场地向右转,似飞翔的雄鹰一般舞动手脚,向前跳跃。这实际上是摔跤前的准备动作。摔跤是一项体育运动。除要求队员具有头脑灵活、动作敏捷外,还要有超人的力气。所以,土尔扈特人有很多训练摔跤手的方法。

要想做一个优秀的摔跤手,只靠短时期锻炼是不够的。

土尔扈特蒙古人曾有这样一个故事。很久以前,一个牧人家有个儿子,十四五岁时,家里的牛正好生了一个黑头小牛犊。牧人为使儿子成为体魄健壮的摔跤手,让儿子天天早中晚三次抱着小牛犊跑一圈。两年后,牛长得很大,用手搂不了,便用绳子给牛系上肚带,继续坚持每天抱三次,结果成为大力士摔跤手。

土尔扈特人摔跤的规则是:肩膀不着地不算输。这与蒙古地区的摔跤规则以及很多国家的摔跤比赛接近或相同,但与新式的摔跤比赛的规则截然不同。土尔扈特人摔跤的规则中有几种禁止的动作,即:用肘压、抓致命处、撕扯皮肤、拧手脚、拧胳膊肘等。使用以上任何一种动作,均属于违反摔跤的规则。这些禁止动作,对摔跤手力气的运用、技巧的发挥创造了条件。

摔跤时,可以靠技巧使绊脚——这在其他民族中没有。摔跤不管双方的年龄、体重,输者的肩膀不着地,双方的摔跤不算结束。土尔扈特人摔跤中要求双方必须是忠诚积极的。如果出现某一方消极或看情面的被动局面的话,则取消摔跤资格。因此,在摔跤比赛中,如果有一名多年有威望的老摔跤手与新手争夺冠军,赛场就显得特别热闹。如果老摔跤手败了,他会由衷地赞扬新人,并主动退出冠军行列。

一群小骑手，技艺一点
也不比老骑手们差。

赛　马

　　土尔扈特人自古以来就有赛马习俗，也是一
项竞争激烈、比智比勇的运动。

　　蒙古族的赛马具有悠久的历史。古代蒙古人
的围猎活动类似匈奴人的越野骑赛。每逢秋季或
初冬，由氏族、部落或者几个部落联合进行围猎。
成吉思汗曾经率蒙古乞颜部，联合客列亦惕部（即

精湛的马术。

克列惕部）进行过围猎。宋代赵珙在《蒙鞑备录》中记载："鞑人生长鞍马间，人自习战，自春徂冬，旦旦逐猎，乃其生涯。"由此可见，古代蒙古人通过围猎，既可以训练弓马、射击和冲杀的作战本领，又可以达到群体娱乐的目的。这种围猎，实际上也是一种群众性的骑赛活动。

从元代开始，赛马正式被规定为男子必须具备的三项竞技之一，并且成为那达慕大会的固定形式和内容。明清两代，赛马在草原上广为流行。到近现代，它已经成为广大牧民最喜爱的体育竞赛活动之一。

赛马方式分三种：赛快马，赛走马，赛交易马。

赛马不分大马、老马，还是马驹，但是骟马不能参

带着牙牙学语的孩子上阵——使其从小便耳濡目染了土尔扈特人能骑善射的可贵精神。

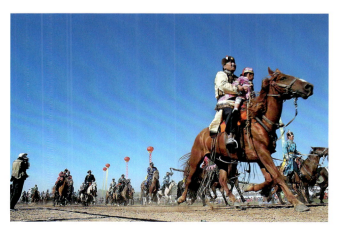

花在诉说着自己的快乐。

赛。参赛的虽然是私人的马匹,但可以以部落或乡为单位参赛,得到的奖品归自己所有。

古时把赛马场称之为五里、十里程。有的地方把赛马场的距离按一支香、二支香,甚至烧十支香计算,一直到这些香点完为止。

现在,赛马已成为一项正规体育比赛项目, 有专门的赛场。新疆和静县在巴音布鲁克草原还修建了国际标准的赛马场。赛马距离一般为1千米、2千米、3千米、5千米、1万米,分为慢马赛和快马赛两种。

参加赛马的牧民会对自己的马进行梳洗打扮。在马头和马尾上系漂亮的毛线或者丝带, 戴上彩绸项圈——把骏马装饰一新。赛马开始时,骑手们跃上各自的骏马, 站在起跑线内, 聚精会神地等待着裁判员发令。一声令响,骑手们个个策马沧先,扬鞭奔驰,你追我赶,人欢马嘶,场面紧张又激烈。

好马死了,为将福气留在部落马群中,土尔扈特人有在洁净的地方取下马头祭奠的习俗。据老人说:巴音郭楞蒙古自治州土尔扈特的转世活佛——生庆活佛乘骑的沙毛(斑白)的马,清晨从旧府出发,下午太阳还没落山就可到达巴音布鲁克。后来,生庆活佛遇害后,这匹马也死了。部落里的一些人取下此马的头,祭奠在巴伦台的两眼泉水旁。

赛马比赛由参赛的6匹马由5个成年人乘骑。不但要比出6匹马的速度,更重要的是考核马的步态是否矫健、马鞍是否漂亮、马是否膘肥体壮、骑手坐姿美不美? 还要考核主人选马、放马等技巧。

射 箭

弓箭是人类的祖先很早就发明出来的一种武器。蒙古人制作的羚角弓非常有名,历史上早有记载。对于箭,远古的时候,人们主要用来打猎。随着阶级

社会的形成，弓箭成为抵御外来敌人的兵器。

早在12世纪或者13世纪初叶，蒙古人就以制造弓箭和习擅射骑而闻名于世。1225年，《成吉思汗碑》（又称《也松格碑》）文上曾记载了射箭的内容。碑文叙述成吉思汗征服了花剌子模后，于不哈速赤忽召集全蒙古那颜聚会，进行骑射，其侄也松格（哈撒儿之次子）射三百五十步中的。故立《也松格碑》，表彰其英勇擅射之武功。随着历只的发展，射箭早失去了它本来的作用，但在体育运动中还占有一席之地，成为技术性的娱乐活动。

土尔扈特人按弓箭的样式和结构，将弓箭分为弓箭和扁形弓箭二种。

弓箭是指一般的弓箭。它是用桦木或硬质的竹子精心加工制成的。月牙形，长约1.5米左右。

扁式弓箭是土尔扈特人原来就有的一种弓箭。这种弓箭用岩羊的犄角连接起来制成，样式好像是把两个肋骨合起来一般。这种弓箭，虽然做起来麻烦，但质量好，射程远。这种弓箭又分为一个男人可拉动的弓箭、五个男人可拉动的弓箭、十个男人可拉动的弓箭等。

弓箭的结构，基本上是由弓箭和弦两个部分组成。弓弦是用牛皮条制成。但不是一根皮条，而像编织的皮鞭。弓箭是用质量好的硬木头或者竹子做成。

射箭分静射和骑射两种。静射即远射。射手站在距靶子数10米外，搭弓射箭。骑射由射手骑马拉弓边跑边射，靶子为草袋，靶子离跑道30~50米。发令后，射手策马疾驰，瞄靶致射。射中的靶子跌落下来，引来阵阵喝彩。

比赛规定，每人射9箭，3岁射完，以中箭多少分胜负。射靶以前用牛皮或蒙古毡子做成锅盖形，靶中心染成黑色。射程一般以步为单立，分成25步、50步、100步。短距离在60米，长距在200米左右。

蒙古人传统的体育不仅是男子的三项娱乐比赛，还有马球、马技、投掷布鲁棒（一种猎具）等引人喜爱、强身健体、较量才智的比赛。

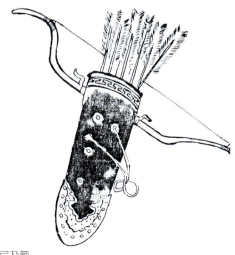

简袋、弓及箭。

娱乐类

土尔扈特人除了进行激烈的体育比赛外，还常常举行娱乐性与表演性相结合的活动。主要有说唱、集体歌舞、智力比赛等。

讲故事

讲故事的习惯在土尔扈部落由来已久。草原没有明显的遗迹来告诉它的后人曾经的兴衰荣辱。那些稀疏的人口、艰苦的游牧、狭小的蒙古包，没有条件创造出长城、故宫那样的壮丽画卷，但是，围火而讲的故事中的想象力，如同蒙古包外面的大自然一样，辽阔壮远、赏心悦目。人们放牧归来或闲暇之时，面对漫漫长夜、茫茫草原，一个火炉，一杯浓酒，一个个传奇，一段段历史，一片片幻想……随着讲述者飞翔的思绪泉涌而出，于是就有了《色忒尔扎布》、《巴尔达尼克》、《乌依图麦尔根泰姆纳》这样的历史故事，有了《天鹅姑娘》、《尕勒登巴》这样美丽的传说，有了《小气鬼巴音与流浪汉》、《聪明媳妇》这样智慧的故事，同时还有《聊斋志异》、《格斯尔王》等外来民族的故事。

《江格尔》说唱

被誉为中国三大史诗之一的《江格尔》，是土尔扈特蒙古族英雄史诗，也是土尔扈特人集体智慧的结晶。它流行于土尔扈特人各聚居地，节日和喜庆活动时，人们都会演唱。土尔扈特人把唱《江格尔》的人叫"江格尔奇"。《江格尔》是经过"江格尔奇"们口传心授、世代传承,不断充实、加工、丰富和发展而成的一部规模宏大、色彩瑰丽、仍具特色的艺术珍品。

《江格尔》在继承和发扬土尔扈特蒙古族优秀艺术传统的基础上,融会古代民歌、祝词、赞歌、歌谣、英雄故事等形式和体裁,广泛采纳民间吟诵、音韵、自然规律的精髓,创造性地建立起完美的艺术结构,为土尔扈特蒙古族说唱艺术作出了巨大贡献。

史诗《江格尔》故事情节曲折,人物刻画生动,语言华丽优美,韵律十足。唱者激情澎湃,听者情绪激昂,是土尔扈特人生活中不可或缺的精神财富,也是世界音乐史诗中的一笔宝贵财富。

萨吾尔登

萨吾尔登是发源于土尔扈特人民之中的一种舞蹈,主要以模仿马、羊、鹰的动作,以及牧人们放牧、打猎,女人们搓绳子、打羊毛、梳洗打扮照镜子等动作,创造出的迷人舞蹈。在婚庆、孩子剪发、重大节日时,随着托布秀儿节奏明快的音乐响起,人们便围成一圈翩翩起舞。其中一个最基本的动作是招手。随着音乐,人们左手一招,右手一招。意思是快来吧,一起欢乐吧!

谈骨比智

在土尔扈特人中生活越久,你就越发现这个民族是多么智慧,他们的语言是多么丰富!生活中一件看似极平常、不起眼的事,一到了他们口中却变得情趣盎然。比如一个普通的动物骨头,人们吃完肉便会随手弃之——因为它不再有什么价值。但是,在土尔扈特人眼中却不然,小小骨头寓意无穷。土尔扈特人自古有谈论牛羊骨、比看智慧的娱乐。特别是在招待客人和婚礼上,人们都会谈论骨头的类型比试智力。

谈论各类骨头的类型比智力的问答词很多。这里摘录其中一段关于羊的尾椎骨的说辞:

孩子们喜欢玩的羊踝骨。

这块叫什么?

凤凰的翅膀

为什么叫凤凰的翅膀？

因为不畏惧风和雨，所以叫反凰的翅膀。

这一块叫什么？

是镀金的马鞍子。

为什么叫镀金的马鞍子？

因为它十分坚固，所以叫镀金的马鞍子。

这块叫什么？

翘起的骨。

牧民们用于比智的羊尾椎骨，牧民也叫翘骨。

为什么叫翘起的骨？

吃风里摇摆的草，饮湖里荡漾的水。宽阔的戈壁，洁白的羊群，36个腰的背后。在骨头的前部，让外乡人奉承，让旁边的人观看，让人们奇怪，让众人谈论。扔到外边，让狗啃去！这就叫做翘起的骨。

雪天赌注

自古以来，土尔扈特人把白色视为最好的颜色。每当举办盛会时，老人祝福子女时，首先说：所有的灾难消失掉，吉祥如意像雪一样白。

蒙古语称雪天赌注为"茶思南买勒"。这是土尔扈特牧民中流传很久的一种游戏活动。每年下第一场雪时，牧民间相互拜访，庆贺瑞雪。客人偷偷将一请贴藏到主人家中（内容一般为宴请的时间和需准备的物品）。临别时，客人暗示主人：已将帖子藏入请家，然后转身就跑。主人家中的人要迅速找出请贴并追交到客人手里。若如此，所写物品即由送贴人准备。如追不上，则由收贴人准备。准备好酒肉，就与四邻共庆瑞雪。无论是输家还是赢家，大家都是为了娱乐。人们在新下的雪地上留下脚印，表示来年雨水充足，牛羊肥壮。

除以上娱乐活动外，土尔扈特人还玩蒙古扑克、甩石子、赛牦牛、套马、打羊髀石等游戏。

日常用具

传统家具

　　蒙古包是土尔扈特人生活的根据地。虽然时代发展,它已退出了主角的位置,但它曾有的重大贡献,以及今天依然发挥的作用等,都让人难以忘怀。

　　在过去,土尔扈特人所有家庭用品都是围绕蒙古包而诞生的。蒙古包看似结构简单,制作不复杂,

有吉祥结图案的门帘。

但是具体到每一个细节时，才发现——原来也不简单。一块毡，一根绳，都有自己的兑法。细细品味别有一番风情。

门　帘

蒙古包除要做木制门外，门帘是必不可少的。一般用薄毡重叠缝制，正中间用布带缝制蒙古吉祥图案，用驼毛或羊毛线密纳，边沿用双股边饰装。钉上两个带子，固定在门上方蒙古包的反架上，集美观与实用于一体。

较为华丽的一种花毡垫，是铺在牛羊皮或白毡之上的，用于客人坐或晚上睡。也可铺在床上。属褥垫类。

托古日成

蒙古包内铺垫于东西北三面的扇形地毯。又被称为西门托古日成、东门托古日成、披挂托古日成。

白色为本色羊毛编织的浩西楞，花色是用毛线编织的彩色浩西楞。

浩西楞

几股并排缝成的围缉。

一组由羊毛、骆驼毛打制的不同种类的毛绳。

一般用山羊粗毛编成，有正反股纹，四排成扁形。用于蒙古包铺垫、包顶、门帘的缝纫或行李绳，花纹密实美观。

都 克 图

用毡子纳制能容纳30多个椽杆的袋子。它是在搬迁的过程中防止椽杆断损的一种用具。聪明的土尔扈特蒙古女子们为了转场方便，保证蒙古包的支杆不散落，专门绣制出这样美丽又实用的套子，散乱的支杆便有了去处。

将蒙古包支杆装在都克图内，搬运起来简单又方便。

土尔扈特谚语

天山大的黄金，不如绿豆大的学问。

传统用具

　　土尔扈特人的传统家庭用具古朴、简洁。最注重礼佛用具及家用厨具和餐具。

　　土尔扈特人家中都有一处供奉佛祖画像或塑像的佛位，一般置于客厅或蒙古包的正门位。家庭用于礼佛的用具有三套：用于盛圣水的7只小银碗或铜碗；用于盛圣德吉的木制包银碗；用于点酥油的佛灯碗。而在家庭日常用具上，大到床、柜，小到筷碗，处处都体现着这个民族自己的风格和习俗。

　　这是在牧区一个牧民家中发现的一组世代流传的盛圣水的小银碗。经历岁月的洗礼，碗四周的花纹已磨得不剩一丝痕迹。经常转场，又使这些小银器伤痕累累，更显岁月沧桑。

图中一小排铜制小盅，叫祖鲁确克其，也叫佛灯碗，有3~5只或5~7只。在其内倒入酥油，用洁白的棉花搓成细芯捻插在祖鲁碗内。这种祖鲁不仅明亮，而且点得时间较长。祖鲁在阴历十月二十五日点亮。也有人家天天都点祖鲁。

图勒格

是一种流传几百年依然沿用的一种古老而简单的土尔扈特炉灶。蒙语叫图勒格，是上锅做饭、烧酒的几拉布其（平底锅）专用的一种炉灶。但不像铁炉那样大。上面是祖露的，随时都可以放入牛粪、木柴，也可随时从这里扒火。主要在夏季和野外游牧时使用较多。它用起来方便，烧饭也比较快。

萨克丝图勒格。是四个圈，一般在室内使用。圈多能防止火外溢，而一个圈的大多在室外做饭。这是图勒格的一种。

壶

壶是土尔扈特人日常生活中离不了的一个用具。一般为铜壶，解放后多用铝制壶。

粮　袋

粮袋有乌图、达林、塔嘎日、同格日次格，还分为皮、布、麻袋。一般用牛、马、羚羊、山羊、羊皮制作。

脚　包

用牛皮或羊皮制作的细长袋。旧时，妇女装衣物用。因放在床脚下，所以称之为脚包。

土尔扈特部男尊女卑思想相对较重，男女衣物不可混放。所以，有这种专盛男人衣物的袋子。但是，这类袋子在牧民生活中使用得十分广泛。可以盛任何家用之物。只是在放男女物品时，必须分开，不得混放。

图勒格，是流传几百年依然沿用的一种古老而简单的土尔扈特炉灶。

萨恩，用黄铜制作，作用类似于汉族的小香炉。一般将萨恩的末，即杜松末或香堆放其中点燃。

库米西，用于烤制蒙古厚饼的特制炊具。

德吉确克其，又叫德吉碗。它是用黄色的塔热格木或者是桦木等质地上乘的木料制作。每天清晨、中午、晚上，牧民吃饭时，首先用德吉碗盛上第一碗饭献给神，然后大家才能进餐。

土尔扈特谚语

诺海（狗）多了抢骨头，诺颜多了抢权势

牧人当年转场、打仗时使用的锅。现在已经没人使用——成为古老的记忆了。

会生活的土尔扈特妇女们，给这些炊具做了一件漂亮的外衣，保温又防碰。

这是上世纪五六十年代牧民家中普遍使用的茶壶或者奶壶。今天，牧民们已渐渐放弃一些牛羊皮盛奶盛水用具。

这是来自牧民家中具有上百年历史的一个锅。锅的4个耳比现在的锅要低5公分左右。在其中一个耳的右下方有一排数字的几个字母，可能与出厂批次或生产时间有关。很明显，它来自早期俄国，与东归有关。

戥子称。用于称量稀有药材或贵重金属的衡器，
属清晚期杂项类。发现于和静县一牧民家中。

古老的木制筷筒。在遥
远的山很脱海看到它时，它
已在孟克巴特家生活了80多
年还没有退休。四面开裂，但
木质已被油浸得明亮光滑。

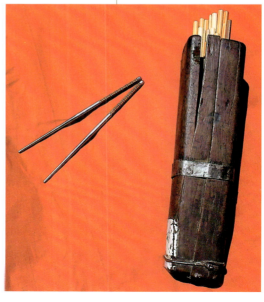

象牙筷，据说可以检测到食物是否
有毒。牧民信这个，所以特别喜欢收藏
象牙筷。

传统的木制面盆，仍然
是今天牧区老人们的最爱。

较为精细的漆器木碗。

萨布勒。木制,是牧民
手工掏刻的,可喝奶茶也可
当碗用,具有蒙古民族独特
的风格。

盛供品的木碗。

这是牧民用来专门
盛放酥油的木罐,蒙语叫
巴古尔,是用大个的树瘤
挖制而成的。

木制酥油桶。

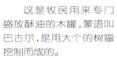

土尔扈特谚语

毡垫子土大,无才者火大。

上图与中图是两组不一样的碗桶。上图为由板块制成的奶碗桶，产生于近代。中图为古老的木桶，以整木掏挖而成，现收藏于新疆和静县历史博物馆。

用于碾炒米的木制碾筒。

小石磨。

传统的土尔扈特小地桌。

装贵重物品的漆器木箱。

外表用牛皮包制的木箱，
已有百余年的历史。

专门装菜刀的皮制花袋。

古老的牛皮茶袋。

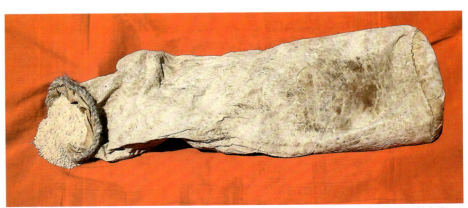

盛放奶疙瘩的羊皮袋。

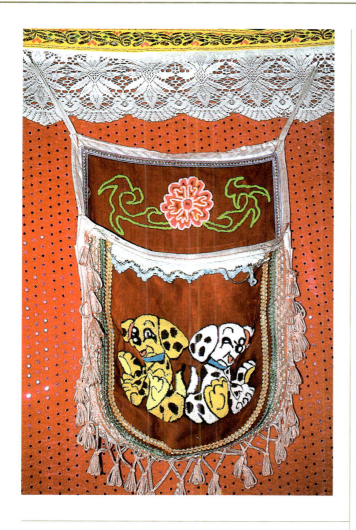

盘子套——装盘子的
毡套,用布做面。平时将盘
子等装入套子,挂在壁上。

盘子套。

米、粮袋。粮袋有乌图、达林、塔嘎日、同格日灰格,还分为皮、布、麻袋,一般用牛、马、羚羊、山羊、羊皮制作。图为两种由父母给女儿陪嫁的米粮袋。

这是上世纪五六十年代,牧区赤脚医生挂放在马背上的行医药箱,用牛皮制作。

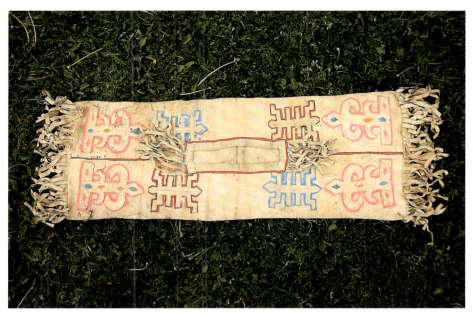

土尔扈特人男尊女卑思想栏对较重。男女衣物不可混放,所以,有这种专盛男人衣物的袋子。但是,这类袋子在牧民生活中使用十分广泛,可以盛任何家用之物。只是——在放男女物品时给予分开,不得混放。

用纯白色皮子制成的袋子,专门为提亲所用。

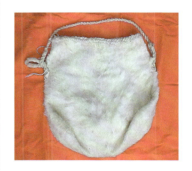

脚包。用牛皮或羊皮制作的细长袋,旧时妇女装衣物用。因放在床脚下,所以称为脚包。

土尔扈特谚语

父亲的教育是金子,母亲的教育是智慧;哥哥的教育是利益,姐姐的教育是感受。

古老的用羊皮制作的裙褂和放置面粉和其他物品的储物袋,转场时盛物品十分方便。

放衣服、被褥的鹿皮包。

拣牛粪和装牛粪的
包。一般用野羊皮或山
羊皮直接缝制。

日常用具·传统用具

牧民用马驮水的木桶。

手提的水桶。

冬季或过年时，牧民
做蒙古式米酒（包灰）的罐
子（布库其）。

制作酸奶的桶具。

制作奶品。

日常用具·传统用具

这一对瓷碗有一段传奇
故事。它来自于康乾盛世,珍
藏于土尔扈特贵族人家,又
被一个普通的牧民精心保存
下来。它不是用来喝茶吃饭
的,而是供于佛前。上有宗教
螺、伞、轮等法器图案。保存
它的老人今天已经76岁了。

烧制奶酒的管式炊具。

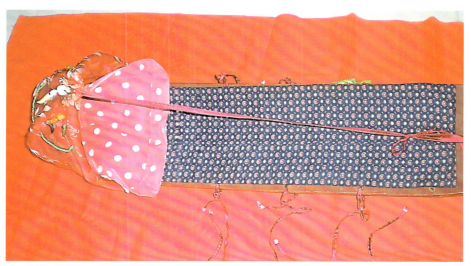

莫墩爱勒盖———种古老的婴儿摇篮,只有转场时才会用到它。看似简单,却科学得很呢! 转场时,将孩子放在上面包扎好,头上有特制的像头盔一样舒适的帽子,绑在马背上,即使偶尔摔一下也有惊无险。

土尔扈特小女孩。

土尔扈特谚语 狗不咬拉屎的,官不打送礼的。

绳　　类

　　绳子虽小，但在土尔扈特人的生活里，是一件离不了的日常用品。因而，牧民们除了打结实粗硬的绳子捆扎物品外，还加工精细美丽的绳子绑扎蒙古包，点缀家具。他们能够充分利用羊毛、驼毛，以及牲畜皮制作毛绳、皮绳。

　　更多的时候，牧民用山羊粗毛、马鬃、骆驼毛和牦牛毛等，根据自己的需要打搓宽窄、粗细不同的毛绳。

　　一组用现代原料编织的彩色绳子。而编织方式依然是传统手法。

奶奶带着孙女，正在制织浩西勒毛绳。

浩西勒毛绳，主要用于捆扎蒙古包。

骆驼毛绳。广泛用于牧民生活生产的各个方面。

牧民捆扎羊毛。

制作毛绳。

土尔扈特谚语

天黄了下雨，面黄了生病。

这是一种古老的打毛绳方法——将打好的三股绳固定在交叉的短木上，转动木棍上劲（上图）。另一端两人，一个上劲，另一人用一个自制梭舌在三股绳中间，从底根部开始合股。随着上劲，向后退拽直（下图），将三股合在一起。这样加工的毛绳叫阿日嘎木吉。阿日嘎木吉用途很多，分为骆驼驮屉阿日嘎木吉、驮运阿日嘎木吉、套绳阿日嘎木吉。捻搓这种毛绳时，必须用马尾和山羊粗毛混合搓，拉力强度大。所以套马时不但准，而且结实，不易拉断。

传统生产用具

传统生产用具包括放牧牲畜的各种用具。马的用具是土尔扈特人最讲究的，制作与作用上要求非常高。蒙古民族从祖先起，就在马背上建立了辉煌的历史。马是这个民族生产生活中最好的

土尔扈特古老的银马鞍。现藏于新疆巴音郭楞蒙古自治州和静县历史博物馆。

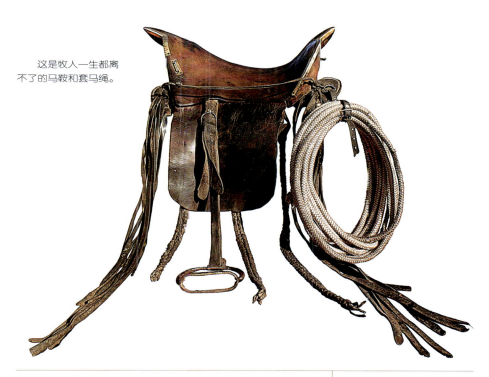

这是牧人一生都离不了的马鞍和套马绳。

中图是30年前，土尔扈特牧民从伊犁与巩乃斯交界的草原上一处羊圈边挖出的龙头银马蹬。出土时，还有少许碎银片，现已脱落完。据老人们说，这种龙头银马蹬只有汗王或部落首领才配用，普通牧民就是有也不敢用。

这是牧民李热收藏的防拖马蹬。马蹬一端带开合扣。一旦出现马脱缰人被拖时，马蹬能自动打开，脚不会被套死在蹬中。

马鞍的攀胸。宽大约两指，置于马的前胸，与马鞍捆在一起。给马佩戴攀胸，不但马美观，而且在攀越高山时，能防止马鞍后移。

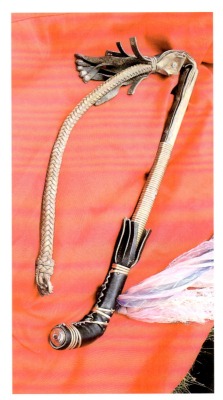

做工精致的鞭。

罩盖马背的罩单。分夏罩单、冬罩单。冬罩单用毡子做里，用蓝、黑、绿条绒布做面。春秋夏罩单用条纹或花色麻布制作。边沿制出各种美丽的图案，滚上两三层花边。中间用黑、蓝、红、绿色的毛线留穗子。图为冬罩单，给马儿盖上，既美丽又保暖。

马鞍饰穗。

绣花鞍垫。

伴侣，又是最主要的生产力。土尔扈特人对作为乘骑之用的马的用具非常爱惜。

马鞍鞯。主要用海松等质地坚固的木材制作，有木鞍、铁鞍、俄罗斯鞍等。土尔扈特牧民喜欢用海松木制作，形状似驼峰。鞍的前后峰都用白银或黄铜制出各种图案装饰。鞯用毛毯或厚实坚固的布制作，用红、绿色的灯芯绒布装饰。图中鞯是用熟好的牛皮制作的，柔软光滑，不但对马的两侧无害，而且不易弄脏骑马人的鞋、靴及裤腿。

皮梢绳，蒙语叫岗祖嘎。马鞍上用来拴捆物件的皮绳，多用牛、骆驼、山羊、羚羊皮鞣制划割成2~3米条绳，是马上捆绑褡裢、衣物、肉类、套马绳、马绊脚等物件的最佳绳子。

套绳有10丈长，主要用于套捕未经驯服的马。套绳必须用马尾毛和山羊粗毛混合搓成，甩出去不但准确，还非常结实。牧马青年从不离套绳，时常随身将其捆在鞍后的岗祖嘎上。俗话说，"狂野的马用套绳捕捉，狡诈的人用计策征服。"

这是一套古老的火枪配套用品。以腰带为主，有用牛做的火药夹夏克西克，羊角做的量火药的小量杯才尼克。图中那块小薄羊皮，是用来垫在底部的塞尔丝布其。还有子弹的硬皮夹苏那盖尔，用来装油擦拭枪的小盒子托丝其。

个性鲜明的花朵。

其他习俗

与其他各民族一样，土尔扈特蒙古人风俗习惯并不仅仅局限于婚姻、生活、生产方面，而是体现在他们寻常日子的方方面面。涉及到他们的信仰、文化、禁忌等等，因为各方面的局限，这里仅就放牧、搬迁、禁忌等习俗作一简要介绍。

放牧习俗

牲畜剪毛

草原上，每年4月初是给小马驹剪马鬃、马尾的时节。养马多的牧民会选择一个吉日，把周围的牧马人、套马好手、邻居集中在一起抓马驹。这同时也是一个显示牧马人套马技能和牧人们相会欢聚的日子。他们将在套住的小马驹额头上抹鲜奶，然后念祝词：

愿你的鬃长得能盖住蒙古包顶，

尾巴长得能缠住山腰，

祝福牧人要剪的马群越来越多，

宰马的刀越来越钝，

不会再有被杀的。

马儿奔跑起来像羽毛一样轻盈，

子弹一样快捷，

在比赛中年年得第一，

成为成千上万的骏马之首。

剪羊毛。

然后,在马鬃上绑上白手绢。剪马鬃时,马头前要留下一小撮。如果要使其成为将来的生产马,那么,尾巴上要留一点尾鬃,不能全剪光。同时,还要给马打上印迹,以便与别人的马区别开来。

除此之外,还有给山羊、绵羊、牦牛、骆驼剪毛的习惯。山羊一年只剪一次,绵羊一年要剪两次,夏秋各一次。夏天剪毛叫达克,秋天剪毛叫米其尔。骆驼是在冬天时,把粗毛抓下来,夏天要等脱绒时再抓下来。牦牛是一年剪一次。原则上,所有牲畜剪毛都要在它最肥壮时进行。因为牧区天气变化大,随时都可能出现暴雨低温天气,要保证牲畜能有足够的抵抗力才行。

牲畜去势

去势是专业用语。给牲畜做节育手术叫去势。牧民门托给牲畜做节育手术叫做骟。骟马时,选吉日,将

牧羊人和羊。

要骟的马全部集中。先挑选出种马,给其额头抹鲜奶,鬃毛绑上白手帕,祝福它成为马群的首领,保护自己的畜群,忠诚主人,子孙遍布整个地球。然后,对其他的马全部进行骟割。骟割时,请专门的牧人来操作。他们手法熟练,动作敏捷。骟完要用烧红的铁烙一下伤口。然后,祝福被去势的马早日恢复健康,矫健勇猛。

骟牛和羊时,程序较为简单。先选出种畜,其他的全部骟掉。祝词也与骟马时一样。骆驼要长到4岁时才骟割。

骟割没有固定的日子,一般都选择春天无风温暖的日子。但这一天必须是鸡日(按天干地支计算),或是马日。土尔扈特牧民认为,选择鸡日——鸡能吃掉虫子,牲畜的骟割处不生虫。骟割牲畜时,不能把牲畜的头压在地上。骟羊时,要在地下铺块毡。骟下的羊蛋,牧人喜欢把它们煮或烤了吃,据说有壮阳功效。而大畜被骟下的蛋,一般不吃,吊在它身上,或者埋起来。骟割牲畜时,狗不能在场——牧人禁止狗吃骟割下来的东西。

挤　奶

挤奶是牧人们每天必做之事,自然有他们自己的习惯和要求。不同牲畜挤奶时要求也不一样。

挤牛奶时,要让小牛先吃。当把奶吃得溢流时,再挤牛奶。为防止小牛随时吃奶,晚上,牧人会给小牛套上一个嘴套,早晨挤奶前,再去掉嘴套让它吃。

挤羊奶是件很有趣的事。一般是在羊儿肥壮奶多时,在小羊吃饱后,将羊妈妈们一排排绑在一起,一个个挤过去,看上去很有意思。牧人喜欢将羊奶做成甜奶酪,味道鲜美。

挤马奶的仪式较为隆重。牧人认为,马是五畜之首,要十分尊重。挤奶前,要请邻居们过来。大人小孩们聚在一起,寒暄、喝茶后,在一片欢乐氛围中开始挤奶。挤奶前,要让小马先吃一会。马奶主要用来酿造马奶酒,味道醇纯,有养胃健脾功能。

劝　奶

因为种种原因,母畜产小畜后可能死亡,或者母畜生了幼仔而不愿意喂养它。这种情况下,牧民就会想方设法让小畜吃上奶,以保证牲畜的成活率。

挤牛奶。

这就延生了劝奶仪式和劝奶歌。

　　一般在两种情况下需要做劝奶工作。一是母畜不让自己的孩子吃奶,二是小畜成了孤儿或者母畜失去孩子的。牧人根据不同情况采取相应的措施保证小畜存活下来。

　　劝骆驼时,面对被妈妈抛弃的孩子,牧民们要唱劝奶歌。一边拉着马头琴,一边唱,直唱到骆驼落泪。如果是失去孩子的驼妈妈,就把其他成了孤儿或者吃不饱奶的驼羔抱来,在其身上披上死去的小驼羔的皮,送到驼妈妈身边,一边拉着马头琴,一边唱劝奶歌:

没有喝过金色乳汁的小驼羔

没戴过围兜的小驼羔啊

没有用绳子绑过的小驼羔

没有吃过榆钱树叶的小驼羔

鼻子上还没打绳扣的小驼羔

没有经过大河溪流的小驼羔

…………

　　一遍遍哀婉的吟唱，加以牧人低沉悠长的歌声，人听了都想掉泪，动物必定会受到感染。很多牧人说，唱劝奶歌时，掉泪的驼妈妈，慢慢会让孩子吃奶。

　　还有一种方法，是将驼妈妈和要吃奶的孩子一起牵到有水的地方。在锅里倒上水，一个人不停地唱劝奶歌，另一个人用水瓢在锅中舀水——用水流声催驼妈妈下奶喂孩子。

　　劝牛时，先在小牛屁股上抹盐水，让大牛舔食，以增进牛妈妈与小牛的交流，然后引导小牛去吃奶。如果还不行，牧人会用毡或其他柔软的东西裹成细长条，插入母牛的生殖器，把带出来的体液抹在小牛身上，一边唱劝奶歌，一边将小牛推到母牛身边，让小牛吃奶。

　　劝马时，先用马绊子绊好母马，把盐嚼碎放进母马眼中。在母马眼痛疼顾不上其他时，把小马推上去吃奶。这样反复多次，母马就接受了。

　　劝羊时，要把母羊两只前腿绊住。在小羊腹部抹上盐水，让羊妈妈舔小羊羔。或者把它们关在黑屋子里共处一段时间，相熟了自然就会让羊羔吃奶。

　　劝羊歌的曲调也很哀伤。歌词内容又是劝说又是威胁。歌中唱道：

它不是一只小兔，

它是你生的孩子。

你再别乱跑呀，

把自己的奶让它吃。

春天的寒风中你想让谁躺在怀里？

没有奶的鸟都知道养育自己的孩子，

有奶的你还不知道喂孩子？

你不要孩子，

失去母亲的羊羔，就成
为牧人精心呵护的孩子。

就掰断你的脖子，

御掉你的肋骨，

掀开你的肚皮，

按住你的血管，

把你肠子拉出来，

把你心肺肝划开，

把你的脊椎打断，

脊髓抽出，

牙拔掉，

把你肚里的粪撒一地

…………

　　劝奶仪式及劝奶歌都是源自于牧民生活本身
的需要。牲畜是牧民赖以生存的生活资料。每一
个牲畜都是有生命的，失去了这些生命，牧人们便
失去了生存的基础。因此，为了生存，牧人们在条
件有限的状况下，从实用主义角度出发，使用这种
独特的方式解决面对的问题，也是劝奶这种习俗
产生的直接因素。

巴音布鲁克草原上的马。

爱马习俗

马是草原上基本的交通工具。马与牧人的经济、宗教、文化、艺术等社会诸方面有着广泛的联系。特别是祖祖辈辈生活在草原上的土尔扈特人视马如命。他们把马当作世间万物中最为珍贵的吉祥动物。土尔扈特人生活中，无论缺少什么东西都不认为是贫穷，但如果没有马，就认为到了贫穷的极点。因此，蒙古人视马为所有动物中的瑰宝、神物，并把生活中的一切喜怒哀乐，都喜欢借助对马的讴歌表达出来。

蒙古人历来视马如子。黄教认为，马是所有生灵中的神物，是佛祖的亲族，神仙的坐骑。所以，喜欢在屋顶挂印有马形图案的风马旗。过年过节，用面粉撮成马的形状，在油锅里炸出来后，放在神龛神像前面，以做供品和祭祀物。

蒙古人历来不宰马匹，不食用马肉。如果马死了，就将马首割下来，放在

人迹不至的地方。若在路旁或原野上看到早已死亡并
干枯的马首，会把它安放在高处或高高的树杈上。土
尔扈特人献给寺庙和活佛的马匹，除了喇嘛僧人以
外，其他人是不能骑的——他们怕玷污了它的净洁，
给自己招来灾难。蒙古人视马为一切财富的福星，加
以珍惜。如果好马突然得病而死，就要请来喇嘛僧人
念经诵佛，招其福禄。

爱鸟习俗

爱鸟，是土尔扈特人的传统美德。益鸟、珍禽，一翎一羽，都受到他们的钟爱。《卫特拉法典》明确规定："凡宰杀海番鸭、麻雀和犬，用来祭祀死人，科（罚）马一匹。"把爱鸟行为用法律形式固定下来，受到土尔扈特人的普遍遵从。

在新疆和静县土尔扈特人聚居的巴音布鲁克草原上，有一个世界著名的天鹅湖。那里栖息着126种鸟类。居住在那里的土尔扈特蒙古族牧民，长期与鸟相伴。他们爱鸟、护鸟，把鸟当作自己的孩子，从不伤害、猎杀。对美丽的天鹅，更是情有独钟。他们把白色的天鹅看成是美丽的天使，吉祥的代表，忠贞的象征。牧民在为刚诞生的婴儿祝福时都爱说："愿你像天

额勒再特乌鲁乡,俗称小山。这里是天鹅湖的一部分。平时天鹅并不多,很难看到成群的天鹅。这张图片是在天鹅迁徙途中抓拍到的。

鹅一样,大展宏图,翱翔在人世间。"

草原上流传着很多牧民救治受伤的天鹅、与偷捕天鹅的不法分子搏斗的动人故事。

天鹅在夜间能警报,有助于牧民赶走狼群,保护牲畜的安全。不拣天鹅蛋,不捕杀天鹅,不破坏天鹅窝,已成为牧民自觉遵守的习俗。

扎蒙古包。

搬迁习俗

因为放牧,牧民需要经常辗转草场。从春到秋冬,每年转场的时间占到牧人整个生产时间的三分之一。长期的实践中,对于转场和拆迁、安扎蒙古包,他们总结出自己独特的经验,也传承祖先们流传下来的许多风俗。

扎蒙古包

牧民转到一个地方后,首先是选择好扎包的地方,然后把独角羊的角插在地上,在将要安炉灶

转场途中。

的位置点一小堆火,燃一支香。土尔扈特人认为,火是一个家庭的根本。有了火,家才会温暖,才可以解决人的饥饿,人才可以继续活下去。所以,扎包前,有先点火的习俗。点完火后开始支包。支蒙古包有严格的顺序——先简单将包墙支架立好,再支好包顶的窗,然后由左向右进行扎包。门一律向着太阳升起的地方开,支杆的各个接触点要用包绳捆扎固定好。

扎蒙古包时,门不能对着山脚或者水流,不能在去年或别人支过的地方再扎包。

支天窗时，由三个人从三个方向把窗圈支起来固定好。然后，窗圈上方系个绳，绳下吊上重物充当建设上的吊线锤，起到水平仪作用，然后依次上杆。待包杆全部上好，先把门帘挂好，再将包毡子从前向后，由左向右依次搭上去。蒙古包共有9大块毡。最后上天窗上的盖布。天窗布4个角，三面固定，一角的绳始终松开，好让光线透进来，使屋内空气流通。

土尔扈特人每天根据风向，调整天窗盖的方向，以利炉烟出去。平时干活或支包时，人不能从蒙古包的骨架及包毡上跨过去。扎包的绳不可随便剪断，门、天窗、天窗盖是蒙古包的三要部分，大受尊敬。天窗卸时，准备向哪里转场，天窗就先拆下来放到那个方向。待一切整理好后，再将天窗装到最前面的骆驼上。

每天早晨起来，先要揿开天窗盖，表示新的一天开始了！天窗盖要始终保持干净洁白。土尔扈特人除了家中有人死亡，天窗盖不揭外，其他时间，白天不会盖天窗盖。

土尔扈特人视门为尊敬之地。人不在门槛上坐，小孩不能吊在门框上玩。出门时，被门绊倒认为会破财——要回去重新走出来。平时不能摔打门帘。不搬迁时，绑在包上的绳子是不能随便解开的。不能在绳上乱拴东西。包绳用旧时，要及时更换。

蒙古人认为，遇到水灾是家衰败的象征，遇到大火是兴旺的征兆。所以，在易出现水灾的地方不扎包。下雨时，要防止雨水进到包里。

拆 包

转场拆迁蒙古包时，也要先看好吉日，要给周边邻居打招呼，告诉他们要转到另一处去了。提前把生畜统计好，再把跟前的邻居请来喝个茶。土尔扈特人说"喝茶"意思，都是请人吃饭饮酒。然后做搬迁准备，安顿好老人，把牲畜先赶走。蒙古包由外至内、由左到右、由上至下开始拆卸。先把天窗盖拿下来，将家中物件都打包。根据运输情况，轻重搭配好放在骆驼或者牛车上。待一切收拾停当后，有人再把住地全部检查一遍。有木桩的要拔掉，火灭尽，将垃圾全部清理掩埋好，把打桩的地洞填好，让周围环境恢复原状……没有问题才出发。

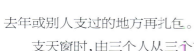

土尔扈特谚语

草原再辽阔，也总有一个达板。

　　土尔扈特人的习俗中,过去也有些不成文的禁忌。骑马坐车到牧民家做客,接近蒙古包时,就要轻骑慢行,以免惊动畜群。进门要从左边进。入包后,在主人的陪同下坐在右边。离蒙古包时,也要走原来的路线。

　　蒙古包内的西北角为供佛的地方。睡坐时,脚不能伸向西北方。不能用烟袋或手指指点人头。不能踩锅灶,不能在火炉上烤脚——那样做是在侮辱灶神。家里如果有人生病,不便接待客人,就在门的左侧缚一条绳子,一头埋在地下,表明主人不能待客,来访者就不要进去。

　　土尔扈特人忌讳骑马飞驰到门口下马。因为,这意味着报丧或报告其他不吉利的消息;忌讳人持马鞭进蒙古包,认为这是来挑衅的;出门忌讳碰到挑空水桶的人,如果碰上了,就认为这一天不顺;忌讳年满十七八岁的人在别人家尿床,如果尿了床,认为对主人家很不利。这家人就要请来喇嘛念经,并且让尿床者将床上的用品及床下的一撮土一起背走。此外,还忌讳当主人面用手或棒指点、清数他们家的牲畜。

　　打猎时,忌讳打已怀胎的母畜和小畜,禁止过量捕杀,遇到三只猎物,可杀两只,遇到成群的,不打领头的猎物,不打群中的种公畜。

　　随着经济、科学、文化的发展,以及土尔扈特人民思想觉悟的提高,习俗中有碍社会发展的忌讳正在消失,而淳朴优良的风俗习惯,则得到了进一步发扬。

冰雪中的鲜花。

后　记

　　1993年,我刚到巴音郭楞蒙古自治州和静县工作时,县城基本没有楼房,我家左邻右舍都是土尔扈特蒙古族人家。那时,有件事让我非常好奇:蒙古邻居家办喜事的日程特别长。月初看到他们家中人来人往,又说又唱。一打听,说是办喜事呢　可是过了10来天又看见他家人来人往,大包小包。一打听,还是办喜事呢!心里就糊涂了,没看见他们家有几个孩子,怎么老办喜事呢? 私下向同事打听,同事很不在意地说:哦,蒙古人结婚就是这样,时间特别长,以后你就知道了。

　　可能是先入为主,脑子里就记下了蒙古人结婚好漫长,一结就是几十天。而且一竿子打翻一船人,固执地以为所有蒙古族都是这样。后来,因为工作常常下乡,也时常到牧民家做客,渐渐被蒙古包内独特的装饰、绣品和牧民淳朴的待客方式迷住了,总在不经意时记录着。

　　转眼10几年过去,如今回头看,才发现当初的认识是多么浅薄!好在我有机会改正。那就是上天阴差阳错让我这个汉族女子有机会近距离接触土尔扈特历史和文化,并有幸遇到一批和我一样喜爱土尔扈特文化的同行者和支持者。

　　《土尔扈特风俗》着手比较早。有关这方面的蒙文资料很丰富,但汉文资料相对较少。有限的汉文资料中,发现对土尔扈特风俗或者是卫拉特风俗介绍存在一些张冠李戴的现象。作为一名地方史工作者,觉得自己有义务把这项工作尽量做好,减少误解。这也是我特别想要做好《土尔扈特风俗》的原因之一。

　　从事这些工作纯属个人爱好,每个参与者都是用业余时间。因为共同的爱好,很多人都是无私地支持和帮助着我——这是鼓励我坚持做下去的动力。要感谢的人很多！在这里，特别要感谢本书主编才仁拉吉甫先生。写书前，我的想法和动机很单纯——只是想把本地那些奇妙、美丽的民间传说挖掘、搜集、整理成册，让人们闲来赏读一下。当《土尔扈特民间故事（上）》初稿送才仁拉吉甫先生过目时，他突然说："小潘，这事可以继续做下去！楼房盖了总有拆的时候，人活着总有死的时候，可文化是代代相传的，是不灭的精神财富！"我一下子就记住了这句话，并不止一次将它传递给别人。

就这样，从《土尔扈特民间故事》、《土尔扈特歌舞》、《土尔扈特服饰》到《土尔扈特风俗》，一本做到4本。每做一本出来，才仁拉吉甫先生都仔细审读，并随时将他搜集掌握的资料拿给我参阅。作为丛书主编，在4本书的成书过程中，从策划、协调、查阅资料、筹措资金、联系出版到纸张选定，几乎每个环节他都亲自参与——4本书的三审稿，是他用了一个多月时间亲自审定、修改完成的。每次遇到难题或者不能确定的问题向他请示时，他总是抽空与我们一起研究。实在忙，就通过短信回复。他的这些行为自始至终感动着我们，我们从心里钦佩他！应该说，是才仁拉吉甫先生成全了我的一份爱好，成就了新疆和静地区土尔扈特蒙古传统文化的抢救和挖掘整理工作！

我的好搭档——新疆和静县委宣传部摄影老师甄建华大哥——3年多来，他的节假日几乎都被我剥夺了。让我这个不懂摄影的人指使着、挑剔着，甚至心情不好时还要向他发火。每每谈到这些，他总是说：没办法，谁让我们都喜欢这件事呢？人能干一件自己喜欢的事不容易啊！

本地有名气的摄影家桑布、李冰对我总是有求必应。是他们丰富的图片资料，成就了这套书；我的两位蒙古族大哥——甫尔贝与白宝珍就像我的耳朵，在工作繁忙中挤时间为我口翻笔译出大量资料。甫尔贝老师不仅给我翻译,而且直接用电脑打出来,省了我好多时间;县史志办前任主任、我的老师——洪永祥老先生总是在不停地夸我。我知道他是在用另一种方式激励我,期望我把他想做又未来得及做的事做好;还有很多土尔扈特老人,他们对我总是那么耐心。无论白天晚上,有搞不懂的就跑去找他们。语言不通,就由他们的儿子、媳妇、孙女当翻译。每个人都把我当成他们家的一分子,不厌其烦地给我解释土尔扈特风俗中那些美妙的、奇特的、严谨的习惯礼节。直到现在,一想起他们,心中就暖洋洋的。如果说这套书我做了点什么,那也都是站在大家的肩膀上完成的。

忠于事实,趁早抢救,做好整理,传给后人——我做这件事的宗旨。为了能翔实完整地将本地土尔扈特蒙古族风俗记录下来,走访的同时,我还参阅学习了大量相关的历史专著。先后从书店、旧书摊、网上书店购买了《蒙古秘史》、《蒙古的人和神》、《蒙古族民歌选》、《漂流异域的民族》、《草原帝国》、《世界民间故事精选》等数百本书籍,请教了很多从事蒙古风俗文化研究的老师学者。写作过程中,参阅了《卫拉特史纲》、《和静县志》、《准噶尔论文集》等书目,其中部分章节得到新疆人民出版社其·艾仁才老师的指点,并经他推荐,参考了才仁加甫与那·玉孜曼两位老师合著的《哈拉夏尔风俗》和纳·巴生编著的《卫拉特风俗》等书籍。

虽然坚持从本地实际出发,有一说一,但是,毕竟涉足这个方面时间短,搜集范围窄,研究内容有限,难免挂十漏一,存在很多遗憾和不足!恳请读者给予批评指正。

潘美玲

2009年3月　于新疆和静县

东归宝藏